Helga und Thomas Ulrich

# ACHTSAMKEITSMEDITATION AUS CHRISTLICHER SICHT

Helga und Thomas Ulrich

# Achtsamkeits-meditation

## aus christlicher Sicht

VERLAG NEUE STADT
MÜNCHEN · ZÜRICH · WIEN

Die Autoren:
Helga Ulrich, Diplom-Psychologin, Studium der Theologie und Psychologie, Psychotherapeutin.
Dr. Thomas Ulrich, evangelischer Theologe, Pfarrer i. R. und Autor. Unter anderem sind von ihm erschienen: „Neue Musik aus religiösem Geist. Theologisches Denken im Werk von Stockhausen und Cage", Pfau Verlag, Friedberg 2006; und: „Stockhausens Zyklus LICHT. Ein Opernführer", Böhlau Verlag, Köln 2017.

Beide üben seit mehreren Jahrzehnten die Achtsamkeitsmeditation, leiten eine offene Meditationsgruppe in Berlin und geben Einführungskurse, früher auch Retreats. Zu ihren Lehrern gehören prominente Vertreter dieser Meditationsrichtung wie Jack Kornfield, Joseph Goldstein, Fred von Allmen, Christopher Titmuss.

Klimaneutral gedruckt. Weil jeder Beitrag zählt.

2023, 2. Auflage

Umschlaggestaltung unter Verwendung eines Fotos
von Stephan Schaefer
Gestaltung und Satz: Neue-Stadt-Grafik
Druck: CPI books GmbH, Leck
ISBN 978-3-7346-1283-1

www.neuestadt.com

# *Zum Geleit*

*„Sei nur stille zu Gott, meine Seele!“*
*(Psalm 62,6)*

Das Autorenehepaar dieses Buches, Helga und Thomas Ulrich, ist seit Jahrzehnten mit der Evangelischen Fürbitt-Melanchthon-Kirchengemeinde in Berlin-Neukölln eng verbunden; Thomas Ulrich auch durch seine langjährige Arbeit als Gemeindepfarrer.

Aus diesem gemeinsamen Tun ist als offene Gruppe der „Meditationskreis“ erwachsen. Diese Gruppe ist ziemlich leise. Die Teilnehmerinnen und Teilnehmer hört man kaum und sie machen kein Gewese.

Der Kreis trifft sich seit 1981 in der Philipp-Melanchthon-Kirche. Anfänger und Erfahrene rollen wöchentlich ihre Decken und Matten mitten im Kirchenschiff aus. Das erkennbar große Interesse überraschte mich als nachfolgenden Pfarrer.

Genau dort, wo meditiert wird, in der Mitte der Kirche, übernachten im Winter die Obdachlosen. Aus der Mitte der Meditierer kommt regelmäßig eine große Spende für die Arbeit für Obdachlose. Damit wird ganz praktisch für einen trockenen Schlafplatz, Essen und Kleidung gesorgt. Wer meint, Meditation würde zur Weltabgewandtheit führen, kann seine Vorurteile getrost beiseitelegen.

Das geschieht mitten in Berlin-Neukölln. In einem Stadtteil, der wegen verschiedenster Herausforderungen in der Presse immer wieder als „Problemkiez“ auftaucht. Er zählt zu den kriminalitätsbelasteten Orten und ist vom Senat als Bezirk mit besonderem Entwicklungsbedarf ausgewiesen. Der Kiez ist zugleich von einer hohen Dynamik gekennzeichnet und zählt zu den hippsten Partyzonen der Welt. Ein Reiseführer bezeichnet unseren Gemeindebezirk darum als den spannendsten und spannungsreichsten Bezirk der Hauptstadt.

Mittendrin liegt die Philipp-Melanchthon-Kirche. Genau hier finden junge und auch alte Meditierer zusammen: Im sakralen Raum, umgeben vom Großstadtlärm, machen sie geistliche Übungen. Sie sitzen, liegen, knien und machen sich auf den Weg der Meditation in die Stille, in die Mitte, zum Gebet, zu Gott. Die praktische Übung steht im Zentrum. Es gibt keine weltanschaulichen oder religiösen Vorgaben. Es zählt allein, was sich an Erfahrungen ergibt, was sich als hilfreich erweist. Dabei spielt die Weisheit der religiösen, der christlichen Tradition eine wichtige Rolle.

Aus diesem Tun ist dieses Buch entstanden. Das Buch ist im wahrsten Sinne des Wortes geerdet, es ist erfahrungsgesättigt. Man merkt es ihm in seiner gänzlich uneitlen Art an – bis hin zu den praktischen Hilfestellungen.

Damit bleibt das Meditieren nicht bei sich. Hier in Neukölln ist die deutschlandweite Krise der Kirche schon lange augenfällig. Der Traditionsabbruch erfolgte, bereits vor hundert Jahren, besonders ruppig, als der Kontakt zur Arbeiterschaft verlorenging. Das Taufbecken verstaubt in der Ecke. So gesehen ist die Gemeinde ein Zukunftsscout in eine Zukunft, die anderen noch bevorsteht.

Die Gemeinde hier ist Kundschafterin in einem Land, das noch unbekannt ist und auf eine gute Zukunft hofft. In einem Land, wo Kirche neu zu ihrem Auftrag findet und deutlich erkennbar Menschen dazu verhilft, fröhlicher zu leben und getröstet zu sterben.

Die Meditierer suchen den Weg neben der Aktion: im Stillsein. Die Haltung des Empfangens von Gott verunmöglicht einen menschlichen Machbarkeitsgestus. Dieser Weg ist offen für alle, die sich darauf einlassen. Er führt zusammen. Darum ist er konfessionsverbindend und auch religionsübergreifend. Grenzen überschreiten ist Programm.

Die Haltung des Empfangens wird zur Erneuerung der Kirche beitragen. So hat Kirche immer wieder angefangen. So findet sie zu sich selbst, zum anderen und zu Gott.

*Neukölln, am Reformationstag 2021*

*Kurt Niedtner*
Vorsitzender des Gemeindekirchenrates

*Jan von Campenhausen*
Pfarrer

*Kurze Anmerkungen zur Textgestaltung:*

*Die Übungen, zu denen wir an verschiedenen Stellen einladen, sind kursiv gesetzt.*

*An einigen Stellen sind für interessierte Leserinnen und Leser in kleinerer Schrift Erläuterungen eingefügt, die ohne Weiteres übersprungen werden können.*

# *Inhalt*

# *Vorwort von Thomas Ulrich*

Meditation ist ein Abenteuer. Vor allem dann, wenn es sich so ergibt, dass sie das Leben über lange Zeit begleitet. So ist es bei uns. Mittlerweile sind es 40 Jahre, die wir „dabei" sind. Helga als Theologin und Psychotherapeutin, ich als Theologe und Pfarrer.

Wir hatten das Glück, die Meditation (in Gestalt der Achtsamkeitsmeditation/Vipassana) ganz pragmatisch kennenzulernen. Das geschah im Rahmen einer Therapie-Ausbildung in den USA bei Robert Hall, dem Schüler von Fritz Perls. Und zwar so, dass wir gar keine Wahl hatten: Jeder Tag begann mit einer Stunde stillem Sitzen; wie man das macht, wurde uns in den ersten zehn Tagen ganz praktisch vermittelt. Kein Wort zum geistigen Hintergrund; wer sich diese Praxis ausgedacht hat, blieb völlig im Dunkeln. „You got it?" war die Frage. Und wenn man begriffen hatte, wie es ging, dann hieß es: „Einfach machen! Du wirst schon merken, was passiert!" Und das haben wir gemerkt: etwas mehr Klarheit und Selbsterkenntnis, größere Stabilität, manchmal mehr innere Ruhe. Gar nicht so schlecht, diese ersten Ergebnisse! So war klar: Wir wollten uns bemühen, das auch nach unserer Ausbildung für uns selbst fortzusetzen. Erst nachdem wir diesen Entschluss gefasst hatten, erfuhren wir, wie das hieß, was wir da praktizierten: „Vipassana". Und wir erfuhren, dass es eine buddhistische Praxis ist. Nun gut, dachten wir, immerhin: Es wirkt. Mag man als Theologe auch noch so große Bedenken haben – die Meditationspraxis hatte sich schon in unserem Leben breitgemacht; ungute Folgen für das Leben als Christen und die Arbeit in der Kirche waren nicht zu sehen. Man hätte sie herbeiargumentieren müssen!

Diese praktische Art, mit der Übung umzugehen, hat lange Zeit mein Verhalten in der Meditation bestimmt. Ein Buchtitel, der damals sehr bekannt war, hat für mich die Sache auf den Punkt gebracht: „Triffst du Buddha unterwegs, so töte ihn". Ich verstand seine Botschaft so: Es kommt einzig und allein auf deine eigene Erfahrung an. Wenn die höchste Autorität auftaucht, die dir sagen will, worum es letztlich geht, musst du sie beseitigen. Denn sonst kannst du die Wahrheit nicht selber entdecken – und das ist entscheidend. Das hat mich fasziniert und begeistert und hat meine oft recht intensive Praxis in vielen Retreats und im Alltag vorangetrieben: Es geht um Freiheit von allen dogmatischen Systemen, die mir aufgedrängt werden. Heute sehe ich auch das fragwürdige Motiv: Ich selbst stehe dabei im Mittelpunkt. Ich lasse mir von niemand etwas sagen! Was ich mir nicht selbst erkämpft habe, zählt nicht. Vor allem aber wurde mir allmählich klar, was ich längst hätte wissen müssen: Erfahrung gibt es nicht ohne einen Zusammenhang. Ich erlebe immer nur einzelne Begebenheiten: jetzt dieses, jetzt das. Tatsachen, die mir „an sich" nichts sagen. Die Vergänglichkeit, die sich beispielsweise darin zeigt, erfahre ich erst, wenn eine bestimmte Perspektive dazukommt. Eine Binsenweisheit, die ich lange nicht gesehen habe.

Und dann fiel uns auf: Am Atem, beispielsweise, wurden uns bestimmte Aspekte immer wichtiger, die für unsere Lehrer keine so große Rolle spielten. Ganz zentral: dass er eine Gabe ist. Darauf weist die jüdisch-christliche Überlieferung hin. Von da aus ist es nur ein kleiner Schritt zu dem hier vorliegenden Text: Wir wollen zeigen, wohin die Achtsamkeit uns führt (oder führen kann), wenn wir unsere westliche Tradition mitberücksichtigen. Diese Tradition ist wesentlich die biblische; sie bestimmt unser Denken, unser Bewusstsein auch dann noch, wenn wir uns von den biblischen Religionen abgewandt haben, wenn sie keine ausdrückliche Bedeutung mehr haben. Diese „Denke" ist uns in Fleisch und Blut übergegangen und bestimmt unsere Sicht der Dinge unmittelbar, anders als, pauschal gesagt, das „östliche Denken".

Für viele von uns ist trotzdem selbstverständlich: Was Spiritualität anbetrifft, können wir als westliche Menschen, auch als Christen, viel vom Buddhismus lernen. Wir selbst haben das auch als eine lebensverändernde Bereicherung erfahren. Aber umgekehrt könnte auch was dran sein: Die biblische Tradition kann die Erfahrung der Achtsamkeit bereichern und die Lehren, die man daraus ableitet, in bestimmten Aspekten in Frage stellen. Dazu möchten wir anregen.

Aber: Wir bieten keine vom Leben abgelöste Theorie. Ausgangspunkt ist die praktische Frage nach einem guten, nach einem glücklichen Leben in Übereinstimmung mit sich selbst. Darum geht es in allem. Was kann uns dazu helfen? Welchen Weg zeigt die Achtsamkeit? Was zeigt sich da in christlicher Perspektive?

# Vorwort von Helga Ulrich

Wie kam ich zu dem Versuch, die buddhistische Vipassana-Meditation in Verbindung zu den christlichen Überlieferungen zu bringen, das heißt, den Versuch zu unternehmen, diese beiden Traditionen in mir zu verbinden?

Mein Ausgangspunkt ist eine gute, auf echter gelebter Frömmigkeit basierende Erziehung. Meine durch das Dritte Reich und den Zweiten Weltkrieg versehrte Familie lebte mir vor, wie man sich im Leben trotz aller Schwierigkeiten geborgen fühlen kann. Das christliche Gedankengut half uns, die schwierigsten existenziellen Nöte zu bewältigen und sie heil, wenn auch verwundet, zu überstehen. Die Idee war: In allem, was kommt, bin ich geborgen bei Gott, denn ich bin sein Kind, er liebt mich und mir wird durch alle Schwierigkeiten hindurchgeholfen.

In der Schule wurden wir in allen Gebieten zum Auswendiglernen angehalten: Gedichte, Balladen, Lieder und eben auch Bibeltexte. Und so hatte ich in meinem Hinterkopf einen ungeheuer großen Speicher von Bibelsprüchen und Liedern – manche davon konnte ich von Herzen nachvollziehen, manche nur mit dem Verstand begreifen und manche waren mir total unverständlich.

Mein Theologiestudium brachte mir vieles vom Verstand her nahe, das Psychologiestudium und die anschließenden Therapieausbildungen halfen mir viel beim emotionalen Verstehen – doch wirklich vom Herzen her verstanden habe ich vieles erst durch meine Berührung mit der Vipassana-Meditation; und da speziell durch Robert Hall und vor allem Jack Kornfield.

In seinen Vorträgen auf den Retreats, die ich besuchte, sprach er immer wieder Aspekte an, die in mir schlagartig ein Licht auf manche in meinem Hinterkopf gespeicherten Bibelsprüche warfen. Ich verstand plötzlich ganz existenziell, was mit einem bestimmten Spruch gemeint war und was der Schreiber vor 2000 oder 3000 Jahren erfahren und dann in seine Worte gefasst hatte. In den Gesprächen, die ich immer wieder mit Jack darüber geführt habe, lächelte er und meinte: „Ja, das weiß ich, Jesus und Buddha sind gar nicht so weit voneinander entfernt." Und er erzählte von einer Meeresbucht irgendwo in Südostasien, an deren einer Seite ein überlebensgroßer Buddha und an deren anderer Seite ein überlebensgroßer Jesus stehe.

Parallel zu der Beschäftigung mit der Vipassana-Meditation lief die psychotherapeutische Ausbildung in der Lomi-School in San Francisco, in der Robert Hall uns gelehrt hat, alles, auch das Unangenehmste, einfach nur anzuschauen, nichts auszuagieren, nichts zu tun, sondern das Entstehen und eben auch das selbständige Vergehen der emotionalen Zustände nur zu beobachten. Dadurch lernten wir: Alles kommt und geht in seinem eigenen Rhythmus. Ich entwickelte Vertrauen in diesen Prozess, das war vergleichbar mit meinem Gefühl von Geborgenheit, das ich in meiner Kinderzeit in der gelebten Frömmigkeit erlebt hatte.

Auf dieser Basis war die Beschäftigung mit der Vipassana-Meditation für mich nie eine Flucht in eine andere Tradition, weil ich die alte als ungenießbar oder giftig für mich empfunden hätte. Die Meditation half mir vielmehr, meinen „Kinderglauben" ins „Erwachsenenstadium" zu überführen und nicht in der „Pubertät" steckenzubleiben, im bloßen „Anti" und Ersetzen des Missliebigen durch Neues. So hat mich die Beschäftigung mit Vipassana gelehrt, die Welt mit neuen Augen zu sehen. Doch diese Augen waren auch noch die alten Kinderaugen, die vertrauensvoll in die Welt schauten, trotz aller möglichen Querschläge. Und sie hat mich gelehrt, das entsprechende Verhalten einzuüben.

# 1
# Aktiv-Sein?

„Wie geht's?"
„Gut!"

Das stimmt ja auch. Ich kann mich wirklich nicht beklagen. Ich habe einen Job, der mich innerlich befriedigt und mir genug zum Leben einbringt. Ich bin gesund – habe jedenfalls keine gravierenden Probleme. Meine Beziehung ist in Ordnung. Ich habe eine schöne Wohnung, lebe in einem guten Umfeld. Und doch fühle ich mich oft innerlich angespannt, kann schwer abschalten, bin nervös, nicht wirklich ausgefüllt, obwohl viel los ist.

Vielen anderen geht es deutlich schlechter. Sie fühlen sich überfordert, sind unzufrieden; die alltäglichen Ansprüche erschöpfen, machen krank. Umfragen zufolge steigt der Anteil psychischer Erkrankungen stark an.

Warum ist das so? Das kann man leicht erklären: Wir sind einer wachsenden Zahl von Reizen ausgesetzt. Für die meisten Menschen ist das Smartphone der Begleiter, der sie zu ständiger Aktion und Reaktion verführt. Berufliche Aktivität durchdringt immer mehr die Freizeit und hindert daran, einfach nichts zu tun, für längere Zeit ganz abzuschalten. Befristete

Arbeitsverträge machen Sorgen: Wie kann es weitergehen? Leicht entsteht daraus eine um sich selbst kreisende Denkspirale, die nur schwer zum Stillstand kommt. Jeder wird da eigene Erfahrungen ins Feld führen können. Hat sich der Geist der Unruhe erst einmal festgesetzt, wird man ihn kaum mehr los. Er begleitet alles Tun. Überall ist er und treibt an zu weiterem Aktiv-Sein, laugt einen dadurch immer mehr aus. Auch wenn die äußeren Umstände sich ändern, man sich zum Beispiel in der Natur aufhält, im Urlaub, in einem anderen Job - er bleibt da. Selbst wenn man in Rente geht und damit der Arbeitsdruck wegfällt: Der Drang, aktiv sein zu müssen, bleibt erhalten. Der äußere Druck ist nun ins Innere gewandert, ist zur zweiten Natur geworden.

Wie reagiere ich darauf? Was naheliegt: Ich könnte wenigstens zeitweise den Druck, der auf mir lastet, verringern. Etwa am Wochenende bewusst hinausgehen in die Natur, mit dem Fahrrad in der Gegend herumfahren, mit Freunden Karten spielen. Oder, was mehr Entschlossenheit verrät: Wie wäre es mal mit einem Urlaub im Kloster? Für 14 Tage alles hinter sich lassen, in eine ehrwürdige Kultur der Vergangenheit eintauchen, die kühle Stille der alten Klostermauern spüren - für nicht wenige eine verlockende Vorstellung.

Andere empfinden das als Flucht und versuchen, den Stier bei den Hörnern zu packen: effizienter werden, lernen, konzentrierter zu arbeiten, trainieren, mehr Abstand zu halten und loszulassen. Dann, so ist die Hoffnung, können wieder Freiräume entstehen, in denen ich aufatmen kann.

Lauter gute Ideen. All das kann kurzfristig hilfreich sein. Es ändert aber nichts an den Zwängen, denen man sich ausgesetzt sieht. Die Gefahr ist übergroß, dass man bald wieder im „alten Elend" gefangen ist. Sollte man etwa grundsätzlich aussteigen? Aber das wäre eine Flucht, unrealistisch, mit allzu hohen finanziellen und menschlichen Kosten verbunden. Eigentlich ist ja mein Leben, mein Umfeld ganz in Ordnung. Aber trotzdem.

Stattdessen möchten wir unsere Leserinnen und Leser bitten, innezuhalten und sich grundsätzlich zu fragen: Stimmt vielleicht an der Art und Weise, wie ich lebe, so manches nicht? Klar, viele leben so. Schon in Elternhaus und Schule hat man uns das beigebracht. Der Grundsatz ist: Du musst aktiv sein! Wenn du nichts machst, passiert gar nichts. Von nichts kommt nichts! Schon physikalisch gilt: Ohne Kraft keine Wirkung. Der menschliche Geist ist ursprünglich leer. Du musst lernen, musst dich ausbilden, musst tätig werden, dann kannst du etwas werden, dann wirst du eine Persönlichkeit, dann erringst du dir eine Position in der Gesellschaft, dann wirst du auch attraktiv für andere Menschen. Nachlässigkeit bedeutet in diesem Wertsystem sofort Rückschritt. Lebenslanges Lernen! So kann man ohne allzu große Übertreibung sagen: Der Mensch erschafft sich selbst. Er ist grundsätzlich ein tätiges Lebewesen. Das bringt ja auch Befriedigung mit sich, macht Freude.

Aber ebenso wahr ist: Ein solches Leben laugt den Menschen aus. Ist der Grundsatz, dass Aktion das Ein und Alles ist und erst danach anderes kommt, vielleicht nur eine Halbwahrheit? Wie kann ich diese Frage beantworten?

# 2
# Der Atem und die Erde – und die Meditation

Woran kann ich mich orientieren? Vielleicht fallen mir da zuerst die großen Zielvorstellungen ein: Gerechtigkeit, Wahrheit, Schönheit, Liebe - große Leuchtfeuer am Horizont, die meinem Lebensweg eine Richtung geben. Aber: Sie haben meine Aktion im Blick, rufen mein Verhalten hervor. Deshalb kann ich mit ihrer Hilfe nicht entscheiden, welchen Stellenwert mein Handeln hat. Dazu braucht es etwas wahrhaft Universales, etwas Umfassendes - eine allgemeine Grundlage auch für alle Ziele, die ich mir setzen kann.

Dieses Umfassende finden wir im Prozess des Lebens. Wir haben daran teil. Das Leben ist die Grundlage für alles, was wir sind. Verlässt uns das Leben, lösen wir uns auf; wir existieren nicht mehr. Der Lebensprozess macht möglich, was für uns überhaupt möglich ist. Deshalb ist es fundamental wichtig, uns an ihm zu orientieren. Nur dann können wir realitätsgerecht leben. Wer gegen den Prozess des Lebens lebt, ist bald am Ende. Er kann sein Potenzial nicht ausschöpfen.

Doch wo zeigt sich der Lebensprozess, sodass wir an ihm etwas ablesen können? Ist er nicht etwas ganz Allgemeines, das nur an zahllosen Lebensregungen konkret wird? Ja, aber es gibt eine fundamentale Lebensregung, ohne die es kein Leben gibt, und das ist der Atem.

Es ist vielleicht überraschend, ja befremdlich, dem Atem solche Bedeutung beizumessen. Er ist so selbstverständlich und unscheinbar – was soll an ihm schon dran sein? Sicher, wenn wir bestimmte Krankheiten haben, etwa unter Asthma leiden, dann rückt er plötzlich ins Zentrum der Aufmerksamkeit. Aber wenn die Beschwerden zurückgehen, dann denken wir nicht mehr daran. Und dennoch wissen wir: Der Atem schenkt uns das Leben. Erst mit dem ersten Atemzug wird das Neugeborene ein selbständiges Lebewesen, und der letzte Lebensvorgang ist: Wir hauchen unser Leben aus. Dann liegt da nur noch ein unbeseelter Körper, der schnell ganz fremd wird. So erneuert sich von Moment zu Moment, von Atemzug zu Atemzug das Leben. Wenn der nächste Atemzug ausbleibt, ist alles aus.

Deshalb tun wir gut daran, uns an den Atem zu halten, wenn wir fragen, was das Leben auf dieser Erde ausmacht. Das bewahrt uns davor, zu spekulieren und zu theoretisieren. Wir haben einen einfachen Vorgang vor uns, den jeder Mensch beobachten kann und der sich uns einfach erschließt. Wir brauchen dazu kein spezielles Wissen, keine besonderen Fähigkeiten.

Was zeigt sich da?

Das Wichtigste: *Der Atem kommt von selbst.* Ich muss ihn nicht herstellen. Ich muss nicht jedes Mal eine bewusste Anstrengung unternehmen, um ihn hervorzurufen; ich muss ihn nicht gestalten. Ich kann ihn auch nicht endlos anhalten; vielleicht falle ich in Ohnmacht - aber dann ist er schon wieder da. Ich kann ihn zwar willentlich beeinflussen, ihn groß oder klein machen, ihn zum Beispiel in den Bauch schicken - aber all das geht nur eine begrenzte Zeit lang; dann geht der Atem wieder nach seinem eigenen Rhythmus.

Wenn ich den Atem beobachte, denke ich vielleicht: „Das ist mein Atem." Aber je mehr ich mich ganz dieser Erfahrung überlasse, desto deutlicher wird: Hier gibt es gar kein „mein". Der Atem ist, strenggenommen, nicht *meine* Lebensäußerung. Der Satz: „Ich atme" trifft den Sachverhalt nicht wirklich. Eher stelle ich fest: „Ich werde beatmet." Am deutlichsten kann man diese Erfahrung machen, wenn man im Liegen auf den Atem achtet. Da wird klar: Der Atem kommt ganz von selbst. Ich bin ganz und gar Empfänger dieses Lebensquells, muss gar keinen eigenen Beitrag leisten. Das kann eine Erfahrung sein, die mich ganz elementar erleichtert, die mir einen Teil meiner Lebenslast nimmt. Ich kann aufatmen, denn ich merke: Ich bin jetzt da und werde am Leben erhalten, ganz und gar ohne mein Zutun. Ich muss dafür nicht arbeiten, keine Ansprüche an Wohlverhalten erfüllen. Der Atem ist mein ständiger Begleiter; solange ich lebe, kann ich mich darauf verlassen: Er ist da, er hält mich am Leben, in guten wie in schlechten Tagen, selbst wenn alle anderen mich im Stich lassen. Und zugleich: Der Atem ist meinem Zugriff entzogen. Ich kann ihn nicht machen, planen, verwalten, für mich bewahren. Er ist nicht meine Tat. Er kommt aus einer anderen Sphäre – aber: Er kommt zu mir!

Das sind Erkenntnisse, die bis heute grundlegend sind. Sie beschreiben das Wesen des irdischen Lebens. Frühere Generationen haben sich noch mehr davon beeindrucken lassen als wir. So lesen wir im zweiten Schöpfungsbericht der Bibel, wie Gott den Menschen machte: zunächst als eine leblose Plastik aus Erde; dann „blies (er) ihm den Odem des Lebens in seine Nase. Und so ward der Mensch ein lebendiges Wesen" (1. Mose 2,7). Also: der Atem ist Leben. Er macht mich lebendig. Ich bin sein Geschöpf. Er kommt aus einem Bereich, der mir unzugänglich ist. Das drückt der biblische Autor aus, wenn er sagt: Der Atem stammt von Gott. Ich kann den Atem nur empfangen.

Eine zweite grundlegende Lebenserfahrung ist mein Kontakt zum Boden, zur Erde. *Die Erde trägt mich,* ob ich nun direkt auf ihr stehe oder vermittelt durch ein Gebäude, durch einen Stuhl, ein Bett oder was auch immer mit ihr verbunden bin. Ich erfahre: Sie gibt mir eine feste Basis für mein Leben. Ich muss keine Angst haben, dass sie unter mir nachgibt, dass ich ins Bodenlose stürze. Ich habe einen festen Stand und muss mir darum keine Sorgen machen. Auf der Erde stehend kann ich mich aufrichten und den Wechselfällen des Lebens standhalten. Deshalb ist es ein bewährtes therapeutisches Mittel, in Krisensituationen, wenn ich mich unsicher fühle, wenn ich „abhebe" und „abdrehe", Bodenkontakt zu suchen, „mich zu erden", wie man dann sagt. Das kann entscheidend wichtig werden.

Die griechische Sage von Antaios bringt das prägnant zum Ausdruck: Er war ein Gigant, ein Sohn der Gaia, der Erdgöttin. Er empfing seine Kraft von der Erde und war deshalb unbesiegbar: Wurde er im Ringkampf niedergeworfen, erneuerte sich sein Kontakt zur Erde, er gewann neue Kraft und konnte so seinen Gegner überwältigen. Herakles jedoch konnte ihn töten, weil er ihn mit großer Anstrengung in die Luft hob, ihn von der Erde trennte und ihm die Knochen brach.

Darüber hinaus lebe ich von der Erde. Sie bringt die Früchte hervor, von denen ich mich ernähre, und nährt auch die Tiere, die ich in vielfältiger Weise für mich nutze. Deshalb bin ich in meiner körperlichen Existenz ein Produkt der Erde. Entsprechend löse ich mich im Tod auch wieder in die Erde auf. Es bleibt kein außer-irdischer Rest übrig. Die alte biblische Erzählung in 1. Mose 2 bringt das präzise zum Ausdruck: Gott formt den Menschen aus Erde und haucht ihm den Atem des Lebens ein: Die Erde und der Atem, das sind die beiden Fundamente des Lebens. „Du bist Erde und sollst zu Erde werden" (1. Mose 3,19), spricht Gott zu Adam. „Adam" heißt übersetzt „Erdling" - das ist seine Substanz, sein Stoff. Und alles, was ihn umgibt, ist erdhaft, ist irdisch.

Der Atem und die Erde sind die Grundlagen des menschlichen Lebens. Sie machen es möglich. Vergesse ich das, bleibe ich zwar am Leben, aber ich schneide mich von wesentlichen Kraftquellen ab, ebenso von Erkenntnissen, die ich gewinne, wenn ich im Kontakt mit dem Atem und mit der Erde bleibe.

Wie macht man das: in Kontakt bleiben?

Zunächst auf den Atem bezogen: Ich muss für einige Zeit meine Aufmerksamkeit auf den Atem richten. Wenn ich dabei wirklich Erkenntnis, Lebenserfahrung, eine Einstellung zum Leben gewinnen will, muss ich diese Übung regelmäßig wiederholen. Am besten täglich.

Ich beginne also eine ***Atem-Meditation.*** Wie geht das?

Die Meditation wird im Allgemeinen im Sitzen ausgeführt. Üblich ist das Sitzen auf einem Meditationskissen oder -bänkchen; auch ein Stuhl ist ganz in Ordnung. Wir haben zum Beispiel gute Erfahrungen mit unserem Schaukelstuhl gemacht! Wenn Sitzen nicht möglich ist, kann man auch liegen. Wichtig ist nur, dass man sich bewusst eine Zeit und einen Raum der Stille wählt und sich für den Moment aus aller Geschäftigkeit zurückzieht.

Wie kann ich mich auf die Übung vorbereiten?

Es geht um eine Haltung, in der ich nicht aktiv bin. Ich sitze still und denke auch nicht an allem

Möglichen herum, sondern bin empfangsbereit, rezeptiv. Um in diesen Zustand des entspannten Nichts-Tuns hineinzukommen, ist es eine gute Vorübung, bestimmte Partien in meinem Körper in den inneren Blick zu nehmen und zu spüren, wie es sich anfühlt, wenn ich nichts tue:

*Ich beginne mit den Augen und gehe langsam den Körper nach unten durch. Zuerst spüre ich, wie die Augen geborgen in ihren Höhlen liegen. Sie dürfen ausruhen, müssen nichts sehen.*

*Dann gehe ich mit der Aufmerksamkeit zur Zunge über: Auch sie liegt gemütlich in ihrer (Mund)höhle und darf sich ausruhen, muss nichts schmecken oder reden.*

*Dann spüre ich, wie der Kopf auf der Wirbelsäule ruht.*

*Als nächstes spüre ich die Spitzen der Schulterblätter, sie schauen nach unten.*

*Auch die Hände dürfen sich ausruhen. Sie liegen entspannt im Schoß oder auf den Oberschenkeln, sie müssen nichts tun, dürfen ruhen.*

*Ebenso ruht der Po auf seiner Unterlage – und die Füße ruhen auf der Erde.*

*Wichtig ist es, das Hauptaugenmerk darauf zu richten, dass der gesamte Körper sich ausruhen darf und nichts tun muss. Dadurch wird der Unterschied zur Bewegung des Atems deutlich: Der ganze Körper ist still, passiv, ruht, der Atem erfüllt ihn mit Bewegung – und auch diese Bewegung des Atems geschieht ohne mein aktives Zutun.*

*So nehme ich nun ganz bewusst Kontakt zu meinem Atem auf! Es ist wichtig, den Atem nicht mit meinem Wil-*

*len zu lenken; er sollte sich ganz von selbst, in seiner eigenen Weise vollziehen.*

*Wenn ich auf den Atem achten willst, gibt es zwei Aufgaben für mich:*

*Erstens gilt es, eine gewisse Kontinuität der Aufmerksamkeit zu erreichen. Ein Hilfsmittel dafür ist der Gebrauch einer inneren Stimme, die, ganz im Hintergrund bleibend ausspricht, was jetzt gerade zu spüren ist: „ein" beim Einatmen, „aus" beim Ausatmen.*

*Zweitens gilt es, den Atem in jedem Moment möglichst präzise und sensibel zu spüren. Dann erfährt man ganz unmittelbar, dass die Wahrnehmung des Atems sich in jedem Augenblick verändert: Er ist ein lebendiger Prozess. Es bleibt nicht aus, dass ich immer wieder den Kontakt zum Atem verliere, von Gedanken davongetragen werde. Das ist normal. Wenn ich es merke, kehre ich ganz selbstverständlich und ruhig wieder zum Atem zurück und nehme die Übung wieder auf.*

Was erfahren wir in der Atem-Meditation?

Das Wichtigste, dass das Leben ein unverfügbares Geschenk ist, haben wir schon erwähnt. Aber es gibt noch mehr, was der Atem uns lehrt: Im Atem bin ich nicht allein. Er verbindet mich mit dem Ganzen des Lebens. Was im Atem in mich einströmt, ist Teil des Luftozeans, der die ganze Welt umweht, kein irgendwie abgetrennter und besonderer Teil. Er wird von allen lebenden Wesen benutzt. Die Moleküle, die ich aufnehme, sind schon in den Systemen von Pflanzen,

Tieren, Menschen gewesen. So verbindet der Atem mich mit allen Wesen auf allen Stufen der Natur – auch mit den Unmoralischen und Unsympathischen. Atempartikel, die schon in Hitlers Lungen gewesen sind, können auch mich erfüllen; die Atemluft eines unangenehm riechenden Obdachlosen, dem ich nie freiwillig näherkommen möchte, füllt auch mich ganz innen, wenn er an mir vorübergeht. So bin ich mit allem Leben verbunden, auch wenn ich es nicht will, auch wenn ich moralische, ideologische, ästhetische, medizinische Vorbehalte dagegen habe.

Der Atem zeigt mir auch, dass das Leben ein rhythmischer Prozess ist: Er wechselt zwischen „Ein" und „Aus", zwischen Sich-Öffnen im Einatmen und Sich-Schließen im Ausatmen. Diese Gesetzmäßigkeiten bestimmen jedes lebende Wesen, auch uns Menschen. Wir täten gut daran, das in unserem Tagesablauf zu berücksichtigen – ich muss das rechte Maß finden zwischen Geben und Nehmen, Öffnen und Schließen. Ich kann nicht nur nehmen, sonst übergebe ich mich – ich kann nicht nur geben, sonst übernehme ich mich. Wenn ich nur aufnehme (zum Beispiel Informationen), überfüttere ich mich, und ich verausgabe mich, wenn ich nur gebe. Ich brauche immer wieder Zeiten, in denen ich nur für mich bin, neben Zeiten, in denen ich offen bin für Kontakte. Und vor allem: Ich brauche Pausen in meinem Alltag. Pausen, die ich auch im Rhythmus des Atems deutlich wahrnehmen kann. Gönne ich mir diese Pausen, in denen ich wirklich nichts tue? Oder fülle ich auch noch die Pausen aus, um zum Beispiel Entspannungsübungen zu machen? Lebe ich mein Leben im Wissen um diese Rhythmen oder eher dagegen?

Und dann die grundlegende Frage: Wie stelle ich mich zu der Tatsache, dass mir das Leben mit jedem neuen Einatmen neu geschenkt wird? Erfüllt mich das mit Dankbarkeit oder ist dieses Phänomen mir eher gleichgültig, weil der Atem mir so selbstverständlich zugehört? Provoziert mich die Erfahrung, dass der Atem sich ständig erneuert, zu einer Lebenshaltung des Vertrauens?

Der Atem ist ein Strom, ein Prozess. Ich kann ihn nur für einen Moment anhalten - dann ist er wieder in Bewegung. Nichts bleibt, wie es ist; ich kann nichts festhalten. In der Atembetrachtung mache ich ständig die Erfahrung der Vergänglichkeit. Die Achtsamkeit, wenn sie sensibel geworden ist, muss sich in jedem Augenblick auf Neues einstellen. So geht alles zu Ende und entsteht im selben Moment wieder neu. Das lässt an ein Motiv aus der jüdischen Mystik denken, mit dem erklärt wird, was es heißt, dass Gott die Schöpfung erhält: In jedem Augenblick stürzt durch die Macht der Vergänglichkeit die gesamte Schöpfung ins Nichts und wird von Gott wieder geschaffen, sodass sie uns in jedem Moment ganz neu und frisch entgegentritt. Nur ist unsere Aufmerksamkeit so grob, dass wir das nicht merken, sondern naiv mit der Kontinuität der Dinge rechnen.

Das Leben als Geschenk, Allverbundenheit, der Rhythmus von Geben und Nehmen, Vergänglichkeit – was wir als fundamentale Lehrsätze der Lebensweisheit kennen, das alles kann ich in der Grundübung der Meditation, in der Betrachtung des Atems, erfahren. Und Lebenshaltungen wie Dankbarkeit und Vertrauen können sich dabei entwickeln.

Die zweite Übung ist auf die Erde bezogen: die ***Gehmeditation:***

*Zunächst stehe ich ganz ruhig und nehme Kontakt zum Boden auf. Ich spüre, wie mein Körpergewicht mich gegen den Boden drückt. Ich stelle mir die Aufgabe, wahrzunehmen, welche Teile der Fußsohlen Kontakt zum Boden haben. Und dann gehe ich los. Wenn ich es als formelle Übung betreibe, gehe ich relativ langsam eine begrenzte Strecke (5 bis 8 Meter), die ich immer hin und zurück gehe. Dabei konzentriere ich den Geist auf die Empfindung des Bodenkontakts; so werde ich mir bewusst, dass die Erde mich trägt.*

*Ein Vorteil der Gehmeditation: Ich muss sie nicht nur so formell machen. Ich kann sie auch an das alltägliche Gehen anpassen. Wenn ich irgendeine Strecke zurücklege, auch in schnellerem Tempo, kann ich für ein paar Minuten die Aufmerksamkeit auf das lenken, was ich beim Gehen spüre – darauf, wie die Fußsohlen jeweils den Boden berühren. Das kann ich zum Beispiel praktizieren, wenn ich auf den Bus oder auf die Bahn warte, auch, wenn ich in einer Schlange stehe, etwa an der Kasse im Supermarkt, oder bei den vielfältigen Gängen des alltäglichen Lebens. Das schenkt mir*

*Geistesgegenwart, eine ruhige Präsenz, holt mich aus der Unruhe des Getriebes heraus. Und es macht mir bewusst: Ich habe festen Boden unter den Füßen. Auch wenn ich vielleicht gerade unsicher bin, mich schwach und verletzlich fühle, herumgestoßen von anderen Menschen: Die Basis, auf der ich stehe und gehe, ist da. Sie gibt mir Stabilität. Ich muss sie nicht jeweils neu erzeugen; sie ist mir gegeben. Dankbar und vertrauensvoll kann ich das annehmen.*

Bei der Achtsamkeit auf den Atem ist es ähnlich: Ich muss sie nicht beschränken auf die Zeit der ausdrücklichen Meditation. Auch wenn ich irgendwo sitze oder gehe und nichts Besonderes zu tun habe, kann ich die Aufmerksamkeit auf den Atem richten, mich sammeln und in Kontakt zu dem Vorgang meines Lebens treten. Aber: Die formelle Meditation bleibt wichtig. Ohne sie ist die Gefahr riesengroß, dass der gelegentliche Kontakt zum Atem und zur Erde oberflächlich werden und im Getriebe des täglichen Lebens untergehen.

Diese beiden Übungen, regelmäßig ausgeführt, haben nicht nur den willkommenen Effekt, dass ich ruhiger, gesammelter und geistesgegenwärtiger werde, weniger hektisch und zerstreut. Die fundamentalen Lebenswahrheiten und Lebensgesetze, die mit dem Atem und der Erde verbunden sind, vermitteln sich mir dadurch. Wenn ich nur darüber lese, geht das allzu leicht in den vielfältigen Informationen unter, die mich ständig erreichen und meine Aufmerksamkeit verlangen. In kontinuierlicher Übung aber kann ich diese Wahrheiten verinnerlichen. Sie prägen mein Leben, haben dann die Kraft, mein Lebensgefühl und meine Haltung dem Leben gegenüber zu verändern.

# 3
# Machen oder Empfangen?

Die Meditation auf den Atem und die Gehmeditation, die beiden Grundübungen, machen mir also klar: Ich lebe aus dem Empfangen. Das ist kein weltanschaulicher Lehrsatz, sondern eine Tatsache der Erfahrung. Das Leben erschaffe ich nicht, es wird mir gegeben – nicht nur irgendwann am Anfang meiner Existenz, sodass ich von diesem Zeitpunkt an selbstbestimmt weiterleben könnte, sondern in jedem Augenblick aufs Neue. Und: Als Lebewesen lebe ich im Zusammenhang der Natur. Ich bin erdhaft, wie alles andere, was mir in meinem Leben begegnet. Dies ist und bleibt die Grundlage meines Lebens, ohne die ich nicht da sein, nicht weiterleben könnte. Es ermöglicht mir mein Leben, täglich.

Diese Sachverhalte sind uns allen wohlbekannt. Sie entschwinden nur unserem Blick und werden in ihrer Bedeutung nicht erkannt, weil eine andere Erzählung über den Fortschritt des Menschengeschlechts unser Denken bestimmt. Danach werde ich als ganz und gar abhängiges und bedürftiges Lebewesen geboren. Meine Entwicklung besteht darin, mich aus dem Naturzusammenhang herauszuarbeiten, ein selbständiges Ich auszubilden, das selbstbestimmt lebt. Dieses

Ich tritt dann der Welt gegenüber, wird, wenn alles normal verläuft, autonom. Was sich in der Entwicklung jedes Einzelnen vollzieht, bestimmt auch die Menschheitsgeschichte. Wenn diese Deutung im Zentrum steht, sind die bleibenden Grundlagen des Lebens nicht so wichtig. Sie werden als selbstverständlich beiseitegeschoben.

Die Meditation aber richtet meinen Blick auf den gegenwärtigen Moment und lässt die fundamentalen Bedingungen des Lebens erscheinen. Es wird klar, dass ich nichts tun muss, um am Leben teilzuhaben. Darüber hinaus wird in der Meditation auch deutlich: Es gibt noch mehr, was in meinem Leben ohne mein Zutun geschieht. Gedanken tauchen auf, die ich nicht gerufen, nicht selbst gebildet habe; Gefühle treten hervor, die ich jetzt lieber nicht hätte; der Körper regt sich in der ihm eigenen Befindlichkeit. Sicher, das ist anders als meine Bedingtheit durch den Atem und die Erde. Die muss (und kann!) ich einfach hinnehmen; hier ist eine von mir gesteuerte Aktivität, die diese Bedingtheit veränderte, gar nicht möglich. Gedanken dagegen, die mir gerade kommen, kann ich bewusst durch andere ersetzen; Gefühle kann ich unter Umständen unterdrücken; auf den Körper kann ich einwirken, sodass er aktuell nicht mehr stört. Und doch bleibt es dabei: Auch im alltäglichen Leben bin ich zumindest beeinflusst und mitbestimmt durch Zusammenhänge, in die ich eingebettet bin, die ich nicht selbst hervorgerufen habe.

Bin ich erst einmal sensibilisiert für diese mir vorgegebenen Aspekte, besser gesagt: für diese Grundlagen des Lebens, fallen mir immer mehr Phänomene ein, die mein Leben ohne mein Zutun bestimmen.

Das Stichwort „Vergänglichkeit" haben wir schon erwähnt. Dazu gehört auch die Tatsache, dass meine Lebenskraft einem allgemeinen Gesetz unterliegt: Sie steigt mit der Jugend an und verlässt mich mit zunehmendem Alter wieder.

Außerdem bin ich wie alle Menschen eingebettet in die Rhythmen der Natur. Man denke nur an den Wechsel von Tag und Nacht oder an den Ablauf der Jahreszeiten: Wir können allenfalls „Winterzeit" und „Sommerzeit" selbstherrlich festlegen, doch am grundsätzlichen Wechsel von Tag und Nacht, am Ablauf der Jahreszeiten können wir nicht rütteln, die grundsätzliche Abfolge passiert ohne unser Zutun.

Für mein persönliches Leben gilt: Ort, Zeitpunkt und Umstände meiner Geburt sind mir ganz entzogen; dabei bestimmt mich mehr als alles andere, wann, wo und in welchem Umfeld ich Kindheit und Jugend verbringe. Welch ein Unterschied, ob ich vor 20 Jahren in Syrien oder in Deutschland geboren wurde; ob meine Eltern drogenabhängige Hippies sind oder ich als Einzelkind in einer Oberschicht-Familie aufgewachsen bin oder ob ich durch mein Lebensschicksal als Mitglied einer Kinderbande in den Slums einer afrikanischen Metropole aufwachse. Was immer mir zugemessen wurde, bleibt die Grundlage meines Lebens, selbst wenn ich es schaffe, mich durch eigene Anstrengung da herauszuarbeiten und Eigenes zu erreichen.

Ebenso steht es mit der Dauer meines Lebens, die wesentlich darüber entscheidet, was ich verwirklichen kann. Ich kann zwar versuchen, gesundheitsbewusst zu leben; welchen Erfolg das hat, kann ich aber nicht kontrollieren und letztlich auch nicht, ob und wie medizinische Maßnahmen bei mir wirken.

Auch menschliche Gemeinschaft bestimmt mein Leben wesentlich mit, und ich kann einiges dazu beitragen, ein für mich positives Umfeld zu gewinnen und zu pflegen. Wem ich dann aber tatsächlich begegne und wer sich ernsthaft mit mir verbinden will, das habe ich nicht in der Hand. Ich habe auch nur zum Teil in der Hand, welche berufliche Position ich erreiche, welche Türen sich da auftun und ob meine Absichten und mein Engagement Resonanz finden.

Selbst meine Aktionen ruhen auf Bedingungen, die ich nur teilweise habe schaffen können: Gesundheit, Begabung, Kraft, psychische Stabilität. Damit sind nur einige wesentliche Stichworte genannt. Bedenke ich mein Leben im Einzelnen und ganz konkret, werden mir immer mehr Aspekte einfallen, an denen deutlich wird: Ich habe mein Leben nicht in der Hand, es hängt von Bedingungen ab, die mir von außen vorgegeben sind.

Also: Machen oder Empfangen? Das ist kein Entweder-Oder! Im Neuen Testament gibt es dazu eine exemplarische Geschichte in Lukas 10,38–42. Da wird berichtet, wie Jesus zu zwei Schwestern, Martha und Maria, zu Besuch kommt. Martha macht sich viel zu schaffen, um Jesus zu bewirten, Maria dagegen sitzt nur bei ihrem Gast und hört ihm zu. Als Martha sich darüber beschwert und Jesus auffordert, er solle Maria dazu ermahnen, mitzuhelfen, springt dieser Maria bei: Sie habe das „gute Teil erwählt". Aktion ist also nicht ohne Weiteres der Situation angemessen.

Doch darf man beides nicht gegeneinander ausspielen. Denn in der biblischen Geschichte – und das wird leicht übersehen! – sind die beiden ja Schwestern, sie gehören zur selben Familie, sind blutsverwandt. Wie kann das sein? Wie kann Tätigsein „blutsverwandt" – also im Innersten zusammengehörig sein mit dem rein rezeptiven Nur-Dasein, dem Zuhören? Im Leben gehört jedenfalls beides zusammen.

Eher stellt sich die Frage: Welches Gewicht hat das eine und welches das andere in meinem Leben? Wir leben in einer Kultur, in der das Machen ganz im Vordergrund steht. Die gängige Party-Frage ist nicht: Wie lebst du? Sondern: Was machst du? Ganz selbstverständlich gehen wir davon aus: Durch mein Tun verwirkliche ich mich. Mein Machen ist entscheidend. Dieser Grundsatz hat jedoch zu den persönlichen Schwierigkeiten geführt, von denen wir anfangs gesprochen haben.

Ein meditatives Leben dagegen stellt das Empfangen in den Mittelpunkt. Meditation ist also nicht als Mittel zu verstehen, um einzelne Schäden des modernen Lebens zu beseitigen oder einzudämmen. Vielmehr ist das meditative Leben die Alternative zu einem Leben aus dem Machen, zu einem Lebensentwurf der Selbstverwirklichung. Und die These ist: Dieses meditative Leben ist keine willkürliche Wahl; vielmehr zeigt sich in ihm die von uns meist verdrängte Wahrheit des Lebens. Deshalb ist es wichtig und bedeutsam! Dem gehen wir jetzt weiter nach.

# 4
# Ruhen

## Warum Ruhe?

In der Meditation lasse ich alles eigene Tun sein und bin nur da, jetzt, in diesem Moment. Dabei zeigt sich: Ich lebe aus dem Empfangen. Das ist die Grundlage meiner Existenz. Nur auf dieser Basis kann ich – muss ich dann auch – selbstbestimmt handeln. Empfangen heißt: nichts selber tun. Ruhen. Das entgegennehmen, was sich ohne mein Zutun von selbst gibt. Im Atem bestimmt das ständig meinen Lebensprozess, meist ohne dass ich es merke. Wenn ich im Einklang mit den Daseinsgesetzen leben will, muss ich das bewusst anerkennen. Sonst verausgabe ich mich. Das haben wir bereits ausführlich begründet.

Deshalb ist es entscheidend für uns alle, Zeiten der Aktivität und Zeiten der Ruhe in ein Gleichgewicht zu bringen. Beides gehört dazu – das zeigt schon ein Blick auf die Natur unseres Körpers. Wenn wir betrachten, wie der menschliche Organismus aufgebaut ist, dann können wir sehen, dass Aktivität nicht die Hauptsache ist, die uns am Leben sein lässt. Unser autonomes Nervensystem, das unser Überleben sichert und unabhängig von unserem Willen arbeitet, besteht aus Zwillingen, bei denen das eine nicht ohne das andere unser Überleben sichern könnte: dem Sympathikus und dem Parasympathikus. Der Sympathikus steuert die Vorgänge, die zum Aktivsein gehören, und der Parasympathikus diejenigen, die zur Erholung nötig sind. Ohne Sympathikus wäre man ein lethargischer Schlafsüchtiger, und ohne Parasympathikus könnte man gar nicht überleben. Schon in der biologischen Ausstattung des Menschen zeigt sich also das absolut Notwendige für das Leben: die Ruhe. Sie ist die Grundlage allen Lebens – erst zusammen mit diesem Ruhemodus kann es Leben geben. Gewiss, Aktivität und Passivität leisten Unterschiedliches, aber sie gehören zusammen, sind keine sich ausschließenden Gegensätze (vgl. die im letzten Kapitel erwähnte Geschichte von Maria und Martha: Sie sind Geschwister, Blutsverwandte).

Auch wenn wir dazu neigen, uns als tätige Wesen zu sehen – es ist klar: Phasen der Ruhe müssen sein, sonst kann es nicht weitergehen. Der „Feierabend" ist wichtig, möglichst jeden Tag. Und im Jahreslauf ist der Urlaub wesentlich, für viele gar der Höhepunkt des Jahres. Hier kann ich ausruhen von aller Aktivität!

Aber tue ich das wirklich? Meist ist unser Ausruhen, wenn wir nicht schlafen wollen, eine andersartige Aktivität – wir bleiben im Machen. Wir machen zum Beispiel eine Entspannungsübung. Oder wir greifen zum Abspannen zur Zeitung, zu einem Buch, sehen uns einen Film an, spielen, reden mit der Familie oder mit Freunden. Der Urlaubsstress, den wir uns antun, weil wir in dieser freien Zeit möglichst viel erleben möchten, ist schon sprichwörtlich geworden. Da ist man manchmal richtig froh, wenn man in das ruhige geregelte Arbeitsleben zurückkehren kann!

Wie kommt es, dass meine Aktion in der Lebensgestaltung ein solches Übergewicht hat, dass ich ihr kaum entrinnen kann, dass Aktivität sogar die Zeiten durchzieht, die der Entspannung, der Ruhe gewidmet sind? Dafür gibt es viele Gründe, die damit zusammenhängen, wie unsere Kultur sich entwickelt hat. Ein Sachverhalt ist besonders wichtig: Im aktiven Modus bin ich selbst gefragt in dem, was ich kann und will. Ich kann das Geschehen beeinflussen, möglicherweise sogar bestimmen. Ich habe mein Leben selbst in der Hand – das gibt mir Sicherheit. Lege ich dagegen die Hände in den Schoß, muss ich annehmen, was ohne mein Zutun geschieht – das macht Angst. Ich gebe die Kontrolle ab und muss vertrauen – ein Risiko. Was es damit auf sich hat, werden wir weiter unten erörtern.

Auf der anderen Seite aber geht vom Nichtstun eine Kraft aus, die es mir ermöglicht, mein Leben zu meistern. Das kann man wiederum an einer weiteren Eigenheit unseres menschlichen Organismus ablesen: Über unsere Sinnesorgane sind wir mit unserer Umwelt verbunden. Sie nehmen die Reize auf und leiten sie weiter zur Verarbeitung, die dann zu unserer Reaktion führt auf das, was uns begegnet. Dabei gibt es unterschiedliche Geschwindigkeiten in der Reizverarbeitung: eine, die es erlaubt, in schnellen Reiz-

Reaktionsmustern zu reagieren: das reflexhafte Tun, das das Überleben in kritischen Situationen ermöglicht. Und eine andere, die kompliziert im Gehirn mit allen möglichen Zentren verschaltet ist und alte Erfahrungen, Gefühlsregungen, auch Intuition zuschaltet – und uns dann erst tätig werden lässt.

Beides hat Vor- und Nachteile. Ein Bild kann das verdeutlichen: Ein Zug fährt von A nach B. Die erste Strecke ist eingleisig, ab einer gewissen Station teilen sich die Gleise. Eins führt direkt nach B; der auf dem anderen Gleis fahrende Zug klappert alle Dörfer im Umkreis ab und sammelt dabei allerlei in den Dörfern ein: Obst, Gemüse, Tiere, Käse, Wurst. Fahre ich auf dem direkten Weg von A nach B, bin ich schnell zu Hause, muss dann aber (z. B. zum Essen) mit dem vorliebnehmen, was eben da ist. Nehme ich den Zug, der den Umweg fährt, kann ich unterwegs alles Mögliche mitnehmen und habe eine große Vielfalt an (Ess-)Möglichkeiten.

In unserer heutigen Zeit wird leider meist die direkte, schnelle Strecke von A nach B bevorzugt, und die ganze große Vielfalt, die eigentlich möglich wäre, aber Zeit und Ruhe braucht, wird vernachlässigt. Man handelt nach dem Reiz-Reaktions-Schema, immer gleich. Ich habe stets bestimmte Absichten, die mich leiten, nach denen ich mich verhalte und handle – und sei es nur die Absicht: Ich will mich nicht langweilen!

Wirklich kreative, noch nie dagewesene Möglichkeiten brauchen Zeit, Ruhe und Offenheit, damit sie sich entwickeln können. Künstler leben offensichtlich von der Intuition, die nur auf diese Weise wirken kann.

Ein wunderbares Beispiel gab uns die etwa vierjährige Tochter von Freunden, die uns besuchen kamen. Vielleicht wollte das Mädchen lieber in einem anderen Zimmer spielen? Da lag alles Mögliche herum, auch Spielsachen. Lange stand das Mädchen nur da und tat nichts. Auf die Frage, ob wir lieber zu den anderen gehen sollten, kam von ihr die Antwort: „Erst mal schauen!" Sie schaute und schaute. Und nach geraumer Zeit sagte sie plötzlich: „Der liegt aber komisch!" Was meinte sie damit? Es war ein Tennisball, der eingeklemmt im Bücherregal steckte; den wollte sie haben! In Ruhe schauend hatte sie eine neue Möglichkeit zum Spielen entdeckt.

Für uns alle ist so eine Haltung wichtig, wenn wir nicht nur als Abziehbilder durchs Leben laufen wollen. Eine stromlinienförmige Karriere mag mich schnell in höhere Positionen bringen, aber ein Leben, in dem Raum ist, „erst mal zu schauen", ja ein Leben mit Abwegen und Sackgassen wird reicher sein!

Der Modus der Ruhe ist also wichtig. Ruhe, die erst den Reichtum des Lebens wahrnehmen lässt. Ruhe, nicht als Schlafen, als Abtauchen in einen unbewussten Zustand, sondern Ruhe als Da-Sein, als wache Präsenz, die aufnimmt, was der gegenwärtige Moment von sich aus bietet. Das ist es, was wir alle, die wir es gewohnt sind, ständig zu agieren und zu reagieren, üben müssen.

## Die Übung der Ruhe

An dieser Stelle hat es keinen Sinn, weiter zu theoretisieren. Deshalb, liebe Leserin, lieber Leser, möchten wir Sie einladen, nach der Lektüre des folgenden Absatzes das Buch zur Seite zu legen und die hier beschriebene Übung zu machen:

*Setzen Sie sich da, wo Sie gerade sitzen, aufrecht hin. Nehmen Sie sich einen Zeitraum von gefühlten fünf Minuten vor mit der Absicht: In dieser Zeit will ich einmal nichts machen, nur da sitzen und präsent sein – also mitbekommen, was gerade ohne mein Zutun geschieht.*

Die Zeit ist vergangen. Sie haben das Buch wieder zur Hand genommen – leider können wir nicht persönlich mit Ihnen über die Erfahrung sprechen. Was mag geschehen sein? Sicher haben Sie gemerkt:

Der Zustand der Ruhe besagt nicht, dass gar nichts mehr geschieht. Im Gegenteil! Sie haben ja nicht Ihre Sinne ausgeschaltet. So werden Sie womöglich mehr erfahren haben als normalerweise, wenn Sie mit irgendetwas beschäftigt sind. Etwa Signale aus Ihrem Körper: zum Beispiel einen Druck im Kopf, Prickeln in den Händen, unangenehmes Ziehen im Rücken. Und Geräusche: das Rauschen des Verkehrs, Vogelstimmen, das Klingeln des Telefons, Kindergeschrei. Sicher auch eine Vielzahl von Gedanken.

All das ist ganz in Ordnung. Ruhe und die dem zugeordnete Stille sind kein dem Tod entsprechender Zustand, in dem Sie sich von allem verabschiedet haben. *Ruhe ist vielmehr ein innerer Zustand von Offenheit und Empfangsbereitschaft*:

> Ich bin da und nehme alles wahr, was kommt, nehme es an, ohne darauf zu reagieren und etwas damit zu veranstalten. Die Ruhe ist so in mir; ich ruhe in mir. Man kann auch sagen: Ich ruhe im gegenwärtigen Moment.

Wahrscheinlich werden Sie auch gemerkt haben, dass Sie gelegentlich aus diesem Zustand der Ruhe herausfallen, weil Gedanken Sie überwältigen. Es erscheint ein spannender Gedanke, etwa eine überraschende Erkenntnis, ein attraktiver Plan, die Erinnerung an etwas für Sie Wichtiges, und sogleich versinkt alles andere um Sie herum. Sie sind nur noch damit beschäftigt, diesen Gedanken weiterzuverfolgen, und sind so dabei, dass Sie gar nicht merken, was da eigentlich geschieht, nämlich dass Sie aus der Ruhe heraus in Gedanken-Aktion geraten sind.

Das geschieht immer wieder, ist also ganz normal. Wir können es nicht abstellen. Aber wenn wir es merken (manchmal erst nach ziemlich langer Zeit!), dann steigen wir bewusst aus dem Gedankenfluss aus und kehren zur Präsenz zurück.

Gedanken sind nicht verkehrt. Ich muss sie nicht vertreiben oder abtöten. Sie sind ein Phänomen wie alles andere auch. Und mehr noch: Sie gehören zu mir, sind ein wichtiges und sehr hilfreiches Instrument. Aber sie haben auch die Kraft, mich zu überwältigen und davonzutragen, ohne dass ich es merke.

Dem muss ich widerstehen, wenn ich zur Ruhe kommen will. Das ist Übungssache. In der Meditation trainieren wir das.

Damit ist das Stichwort schon gefallen: Was Sie eben praktiziert haben, war eine kurze Zeit der Meditation. Sicher, Sie haben sich dazu nicht in einer besonderen Sitzhaltung verankert, Sie haben nicht speziell den Atem betrachtet oder Ihren Kontakt zur Erde wahrgenommen. Aber Sie haben die Hände in den Schoß gelegt und sich darum bemüht, präsent zu sein. Das ist in einem umfassenden, allgemeinen Verständnis bereits Meditation; sie kann (und sollte!) schulmäßig verfeinert und spezieller ausgebildet werden. Die Wurzel der Meditation aber, das, worum es geht, ist eben diese *Präsenz*. In dem Therapieraum, in dem wir der Meditation zum ersten Mal begegneten, hing ein Plakat an der Wand, auf dem stand: *Just be!* Einfach da sein! Darum geht es.

## Zeiten der Ruhe: Meditation, Innehalten, Feiertag

Wenn das menschliche Leben wirklich auf die Polarität von Aktivität und Ruhe hin angelegt ist, in unserer Kultur aber das Aktiv-Sein das Leben bestimmt, dann kommt es darauf an, die Übung der Ruhe zu kultivieren. Das geschieht zum einen in der ***Meditation***. Wer (schulmäßig) meditiert, reserviert sich in der Regel ein oder zwei etwas längere Zeitabschnitte am Tag für diese Praxis. Darüber hinaus ist es ratsam, immer wieder ***kurze Ruhephasen*** in den Alltag zu integrieren. Dann ist der Modus der Ruhe, des Empfangens nicht ein Termin am Tag neben vielen anderen, sondern bestimmt die Atmosphäre des gesamten Lebens.

Wie könnte das aussehen?

Wann immer ich eine Aktivität abgeschlossen habe, halte ich einen Moment lang inne und lasse die Aktion und die damit verbundene Anspannung abklingen. Ich bin in diesem Moment einfach da. Je nach den Umständen, in denen ich lebe, kann dieser Moment kürzer oder länger sein. Hauptsache, ich nehme ihn bewusst wahr! Das erfordert ein nicht unbeträchtliches Maß an Disziplin; andererseits muss ich dafür nicht meine gesamte Terminplanung umstürzen - es kann so mitlaufen. Und es wird das Lebensgefühl spürbar verändern.

In Übungsstunden bei Prof. Ilse Middendorf, in denen es darum ging, den Atem erfahrbar zu machen, war es üblich, jeder einzelnen Körperübung einen Moment der Stille folgen zu lassen - nachzuspüren, was diese Übung in einem ausgelöst hat. Dabei war deutlich wahrzunehmen, wie das Aktivsein abklang und der Organismus sich erst danach auf das neue Tätigsein einstellte. Man kann das körperlich spüren und am Atem ablesen.

Sehr viel anspruchsvoller ist das jüdisch-christliche Konzept des ***Feiertags***. Es geht auf die biblische Schöpfungsgeschichte im ersten Buch Mose zurück.

Danach schuf Gott die Welt in sieben Tagen. Der siebte Tag ist herausgehoben: „Gott segnete den siebenten Tag und heiligte ihn, weil er an ihm ruhte von allen seinen Werken“ (1. Mose 2,3). Es ist also ein Tag der Ruhe, ein Tag von höchster Bedeutung und Würde. Darauf läuft das gesamte Werk der Schöpfung zu. Diese Ruhe ist das Ziel. Damit ist schon gesagt: Die Ruhe ist kein Mittel. Sie dient nicht dazu, meine Lebens- und Schaffenskraft zu erhalten. In ihr vollendet sich das Leben. So ist der Feiertag das herausragende Geschenk an den Menschen. In ihm ergeht die Aufforderung an uns, das zu würdigen und wertzuschätzen: „Du sollst den Feiertag heiligen!“

Jahrhundertelang hat dieses Gebot das Leben in christlichen Gesellschaften bestimmt. Heutzutage ist nicht mehr viel davon übrig. Es gibt immer weniger Menschen, die in ihrer Kindheit noch erlebt haben, wie es war mit dem Sonntag, an dem man sich fein kleiden musste und in die Kirche ging, einen Spaziergang oder einen Familienbesuch machte und an dem ansonsten nicht viel geschah, weil alles geschlossen hatte. Absolut langweilig, gar zwanghaft! Deshalb empfanden es viele als eine Befreiung, als der Sonntag immer mehr ein Tag wie jeder andere wurde – nur mit mehr Zeit, um persönlichen Interessen nachzugehen.

Aber es ist nützlich, sich klarzumachen, was uns damit verloren ging. Das wollen wir mit einem Blick auf den Sabbat tun, der im frommen Judentum immer noch eine herausragende Bedeutung hat. Dabei hat uns Abraham J. Heschels Buch *„Der Schabbat – Seine Bedeutung für den heutigen Menschen“* (Berlin 2001) viele Hinweise gegeben.

Der Sabbat ist eine herausgehobene Zeit. Am Sabbat fällt der Zwang fort, in einer gewissen Zeit etwas für mich oder andere zu tun oder Aufgaben zu erfüllen. Ich muss nichts tun. Das Diktat, nützlich zu sein, sich nützlich zu machen, ist am Sabbat gebrochen. An diesem Tag trete ich aus dem Existenzkampf, dem Kampf um Anerkennung heraus – der Feiertag ist sich selbst genug. In ihm schattet das Paradies sich ab; Pläne und Sorgen können mich morgen wieder erfüllen; jetzt feiere ich das Geschenk des Lebens, das Geschenk der Zeit, die mir gegeben ist. Stille kann eintreten. Wenn mein eigenes Lärmen aufhört, kann deutlich hervortreten, was mir gegeben ist, das Leben, das mich erfüllt, mit all seinen Facetten. Ein Tag der Freiheit.

So gesehen ist der Sabbat, der Feiertag, ein großes Geschenk und gewiss eine kulturelle Errungenschaft. Er setzt eine Zäsur im Einerlei der Zeit. Solche Zäsuren sind wichtig, das sehen wir an großen Festen wie Weihnachten oder an der Bedeutung, die der Übergang von der Arbeitszeit in den Urlaub, in die Ferienzeit für die meisten Menschen hat: ein Höhepunkt des Jahres. Die Sitte des Feiertages bringt den Unterschied zwischen Aktion und Ruhe in den überschaubaren, unmittelbar erlebbaren Zeitraum der Woche hinein: Der nächste Sabbat, der nächste Sonntag ist ganz nahe; was er bedeutet, kann das Leben an jedem einzelnen Werktag erhellen. Damit wird eine fundamentale Polarität in unserem Leben deutlich, die, auch wenn wir uns das nicht klarmachen, unser Leben bestimmt: die von Aktion und Ruhe, von Tun und Empfangen. Fahrlässig haben wir diesen Unterschied der Zeiten aufgegeben, unser Leben nivelliert. Es ist alle Mühe wert, diesen Reichtum wiederzugewinnen.

Dazu ist ein großes Maß an Disziplin nötig – mehr als in manchen vergangenen Zeiten, als für nahezu alle Menschen die Feiertagsruhe selbstverständlich war. Da brauchte man nur mitzumachen, was alle machten, konnte sich dem kaum entziehen. Das hat sich heute für uns alle grundlegend gewandelt. Wir haben damit die Freiheit gewonnen, anders zu leben, müssen das, was wir für sinnvoll halten, aber nun aus eigener Kraft verwirklichen. Gut, wenn man wenigstens ein paar Gleichgesinnte um sich hat. Aber auch dann ist persönliche Disziplin nötig. Diese Disziplin muss sicherstellen, dass die Gewohnheiten des Alltags nicht wieder in den Feiertag eindringen. Solche Disziplin erweckt den Anschein des Verzichtes. Aber in Wahrheit dient sie nur dazu, die Freiheit dieses Tages zu verteidigen.

Das Judentum hat viele Gebräuche herausgebildet, um den Feiertag zu begehen. Wir erwähnen hier nur die Vorbereitung auf den Sabbat: Ich sorge dafür, dass er wirklich frei von Pflichten sein kann. Am Abend begrüße ich ihn feierlich und mit Freude, möglichst im Kreise der Familie, also mit anderen Menschen, mit Gleichgesinnten. Am gesamten Sabbat mache ich durch mein Erscheinungsbild, meine Kleidung deutlich: Dies ist ein ganz besonderer Tag, ein Tag der Freiheit, der Freude.

Wie könnte heutzutage für uns, auf dem Hintergrund der Meditation, ein solcher Tag der Ruhe aussehen? Wir machen einige Vorschläge, die sich für uns bewährt haben.

Zunächst mache ich mir bewusst: Ich sollte einiges lassen. Grundsätzlich ist es ein Tag ohne Arbeit. Etwas zu tun, um etwas zu erreichen, ist eher nicht angebracht. Es geht um das Leben im Moment, die Präsenz in diesem Augenblick. Also freie Zeit, frei von Zwecken. Ich vertreibe mir auch nicht die Zeit mit allen möglichen Beschäftigungen, sondern nehme die Zeit wahr. Deshalb sollten Smartphone und Computer, alle elektronischen Geräte, ausgeschaltet und weggelegt werden; Zeitunglesen muss auch nicht sein.

Alle Beschäftigungen, die mich „in den Moment bringen", passen in den Feiertag. Also Meditation, das Gehen in der Natur, einfach nur herumsitzen, in die Wolken schauen. Wem religiöse Feiern etwas bedeuten, der sollte daran teilnehmen. Konzentriertes Lesen eines Textes, der mich zur Besinnung anregt, oder eines Gedichtes ist auch eine gute Idee. Oder das Hören von Musik, die mich nicht zerstreut, sondern mich zur Sammlung anregt. Auch das Schreiben eines persönlichen Briefes passt gut. Und die Gemeinschaft in der Familie, mit Freunden, in der man miteinander die Zeit genießt.

Das sind nur persönliche Vorschläge, die eine Richtung andeuten. Jeder muss selbst ausprobieren, was dazu hilft, einen Tag der Ruhe zu begehen. Bei aller Disziplin: Starre Strenge, gar ein Verbotssystem, das enge Grenzen zieht, sind keine gute Idee. Es geht um schöpferische Freiheit – Sie werden selber sehen, was sich bewährt. Für manchen kann die bewusste Begegnung mit einer Zeit der Langeweile wichtig sein, für andere ist es passend, mal ganz sinnlose Sachen zu machen, was immer das für einen selbst sein mag. Was sich bewährt, werden Sie beibehalten, was nicht, lassen. Wichtig ist nur: dabei bleiben! Der Segen eines solchen Tages wird sich nur entfalten, wenn Sie den Feiertag dauerhaft in Ihr Leben einbeziehen.

## 5
# Meditation als religiöse Übung

Blicken wir einen Moment zurück. Wir hatten mit dem Eindruck begonnen: Irgendwie fühlen wir uns durch unseren Lebensstil überfordert. Die ständige Aktivität und Anspannung, die uns abverlangt wird, laugt uns aus. So bekommen wir keine neue Kraft und Standfestigkeit. Im Gegenteil! Unser Projekt, ein glückliches Leben zu führen, können wir so nicht verwirklichen. Da ist es hilfreich, wenn wir uns an den Grundgegebenheiten des Lebens orientieren, am Atem und an der Erde, wenn wir uns klarmachen, dass wir das Wichtigste im Leben nicht in der Hand haben und dass der Rhythmus von Arbeit und Ruhe unserem Leben eine lebenswichtige Schwingung gibt.

Unmittelbar damit verbunden sind grundlegende Lebensgesetze, die wir allerdings oft nicht beachten. Wie gesagt: Ohne den Atem und die Verbundenheit mit der Erde gäbe es unser Leben so nicht; beides ist uns vorgegeben und hängt nicht von unserer Aktion ab. Der Grundvorgang des Lebens ist also nicht das aktive Tun. Es geht nicht darum, dass ich mich erschaffe oder verwirkliche: Ich bin schon erschaffen, bin schon da, bin „realisiert". Es gilt, das auch bewusst wahrzunehmen, mein Leben in Empfang zu nehmen. Der Grundvorgang ist das Empfangen, also eine rezeptive Haltung.

Dieses In-Empfang-Nehmen scheint in der heutigen Zeit etwas Missliebiges zu sein. Es ist uns in unserem Alltag sehr unvertraut, wenn es nicht gar als bedrohlich empfunden wird. Jede freie Minute wird durch irgendeine Tätigkeit ausgefüllt, und wenn es bloß Zeitunglesen ist, statt einfach nichts zu tun. Der *horror vacui*, die Angst vor der Leere, hält uns gefangen. Daher erscheint es nötig, das Nichtstun neu zu lernen. Es ist das „just be!", das Einfach-nur-Sein. Ein Zustand der Ruhe.

Eine klassische Übung, in der dieses Empfangen praktiziert wird, ist die Meditation. Man kann sie als Experiment verstehen: Was passiert, wenn ich gar nichts tue? Eine ganze Menge! Das Leben in all seinem Reichtum entfaltet sich ohne mein Zutun. Ich bin eingebettet in diesen großen Zusammenhang. Das alles in sich begreifende große Ganze besteht ohne mich. Ich muss also einsehen lernen, dass die Natur ohne mich sehr gut, oft sogar besser, bestehen kann. Ich jedoch kann ohne diesen Zusammenhang nicht leben. Ich bin eingebettet darin, bin ein Teilchen des großen Ganzen und existiere folglich nach dessen Gesetzen. Die muss ich erst einmal kennenlernen.

Wie sollen wir das verstehen?

Der Mensch ist nicht der Herr im Haus. Das ist eine Binsenweisheit. Schon der Blick auf die Evolution zeigt uns: Die Menschheit ist entstanden und wird auch wieder vergehen. Wenn wir in die Weiten des Weltraums schauen, wird klar: Wir sind eine Randerscheinung. Und der Blick auf unsere Erde zeigt: Wir sind nur lebensfähig im Zusammenhang der Natur, aus der wir stammen.

So selbstverständlich das eigentlich ist – das Motiv der Autonomie ist im Geist des modernen Menschen tief verwurzelt, und es steht in Konkurrenz zu den gerade angesprochenen Einsichten. Wir alle wollen selbstbewusst und selbstbestimmt leben, uns von Abhängigkeiten lösen. Nur so ist der Fortschritt, von dem wir alle leben, möglich. Und selbst wenn es heutzutage um die Einsicht geht, dass wir angewiesen sind auf die natürlichen Grundlagen unseres Lebens: Diese Einsicht mündet unmittelbar in meine Aktion, in meine Projekte von Umweltschutz und Ökologie. Das ist nicht falsch – ich bin gefragt mit meiner Einsicht und meiner Tatkraft –, es ist aber nur die eine Seite der Medaille. Dass wir in das große Ganze eingebettet sind, relativiert andererseits die Bedeutung meines Handelns. Diese Abhängigkeit, die auch alle meine Urteile und Meinungen infrage stellt, müssen wir uns eingestehen. Aber das ist nicht so einfach. Es reicht nicht, einen entsprechenden Gedanken zu denken. Wir müssen uns dieser Erfahrung aussetzen, damit sie uns von innen heraus bestimmen kann. Und dazu dient die Praxis der Meditation – wenn sie nicht ihrerseits auf Abwege gerät. Denn auch das kann passieren:

Ein erster Abweg ist die **Routine**. Diese schleicht sich leicht ein, wenn wir uns mit den grundlegenden Aspekten der Meditation beschäftigen, mit der Achtsamkeit auf den Atem und dem meditativen Gehen. Das sind ganz einfache Vorgänge. Es scheint immer dasselbe zu sein. Wir wissen, was kommt und was jetzt gerade geschieht. Deshalb meinen wir, wir stehen darüber. Je mehr Übung wir haben, je mehr wir uns einbilden, uns dem Status eines „Meditationsexperten" anzunähern, desto näher liegt dieser Eindruck. Aber schon hat sich der Sinn der Übung in sein Gegenteil verkehrt! Denn wenn ich darüber zu stehen meine, bin ich getrennt von dem, was ich betrachte. Tatsächlich weiß ich, wenn ich wirklich achtsam bin, nie, was der nächste Moment bringen wird. Auch in der Atembetrachtung bin ich mit so vielen Nuancen des Atems konfrontiert, dass die Erfahrung immer wieder neu ist. Ich habe es nicht in der Hand!

Ein zweiter Abweg: Die Meditation wird beherrscht vom **Geist des Machens**. Sie gerät als ein Element unter die vielfältigen Projekte, die ich verfolge und mit denen ich bestimmte Ziele erreichen will: mich vervollkommnen im Klavierspielen, Französisch-Lernen, Marathon-Laufen – und dann auch noch Meditieren! Welch ein Stress! Ich will etwas erreichen, es soll mir bessergehen. Mit der Meditation arbeite ich hart am Projekt eines glücklichen Lebens, und wenn es nicht anders geht, muss ich eben eine halbe Stunde früher aufstehen, um die Zeit zum Meditieren herauszubringen. Ich muss eben „machen". Und tatsächlich: Am Beginn meines Weges geht es nicht anders. Ich muss die Meditation als eine bestimmte Praxis in mein Leben integrieren, und das geht nicht ohne engagiertes Tun. Aber dabei darf es nicht bleiben. Denn die Meditation hat ein viel größeres Potenzial. Und auch ich habe mehr verdient, als der Schauplatz von Selbstoptimierung zu sein, auch wenn die Ziele noch so edel oder spirituell daherkommen! Denn wenn es dabei bleibt, bin ich gefangen in meinen eigenen Vorstellungen und Wünschen. Hinzu kommt eine Tendenz, die immer mehr um sich greift: Die Ziele, die ich mir da setze, sind oft genug nur das Diktat gesellschaftlicher Vorstellungen. Sie wollen mich dazu bringen, besonders effizient zu funktionieren, mich reibungslos in das gesellschaftlich gewünschte Leben einzuordnen. Stattdessen geht es jedoch darum, dass die Meditation kein Projekt neben anderen bleibt, sondern mit ihrem Geist das ganze Leben durchdringt.

Der dritte Abweg, der sich leicht in die Meditation einschleicht – neben Routine statt dem Staunen über das Geheimnisvolle des Lebens, neben dem Sich-Selbst-Verwirklichen statt dem dankbaren Annehmen dessen, was kommt – ist ***die Hoffnung, ich könnte alles aus eigener Kraft schaffen***, sozusagen mich selbst erlösen. Ich bilde mir ein: Wenn ich mich nur mit all meinen Kräften anstrenge, dann kann ich mir das Glück meines Lebens, die bleibende Erfüllung meines Daseins erarbeiten. Und wenn das alles nicht eintritt, dann heißt es: selbst schuld. Du musst noch mehr an deinem Projekt arbeiten!

Gibt es ein Hilfsmittel, das diesen drei Abwegen wehren könnte?

Unserer Meinung nach ist ***die religiöse Denkweise*** dieses Hilfsmittel, denn sie bietet eine größere Perspektive an. Und tatsächlich ist sie nichts Zusätzliches zur meditativen Praxis. Meditation ist im Schoß der Religion entstanden und hat sich in dieser Umgebung entwickelt. Religion ist ursprünglich kein dogmatisches System oder eine Ansammlung von Lehren, die man für wahr zu halten hat. Nein, Religion ist eine bestimmte Haltung dem Wunder und der Unvorhersehbarkeit des Lebens gegenüber. Sie ist Antwort auf das Eingeständnis: Dem fließenden Geschehen des Lebens stehe ich ohnmächtig gegenüber, ja ich bin ein Teil davon. In der religiösen Haltung unternehme ich den Versuch, mich zu diesem Fluss zu verhalten, mich in Übereinstimmung damit zu bringen.

Mittlerweile hat sich, vor allem in unserem Kulturkreis, jedoch der Eindruck verbreitet, Religion stelle eine vergangene Weltsicht dar, die das Denken verengt und beschädigt und damit jene vorurteilslose Weite unmöglich macht, die wir in der Meditation suchen und erfahren.

Auch wenn man die Religion positiver sieht, ist es in der Tat zunächst einmal sinnvoll, sie von der Praxis der Meditation fernzuhalten. Denn allzu leicht drängt sich ein (Miss-)Verständnis von Religion als einem theoretischen Lehrsystem in den Vordergrund, das endlose Diskussionen provoziert und so von der Praxis der Meditation wegführt. Ich muss also kein Buddhist werden oder sein, um die Vipassana-Meditation zu üben. Jedem Menschen steht das offen, unabhängig davon, welche Weltanschauung er vertritt. Es wird jedoch immer klarer: Auch der Abschied von der Religion bringt für die meditative Übung eigene Gefahren mit sich.

Worin besteht die bleibende religiöse Bedeutung der Meditation?

In der Übung der Meditation trainiere ich das einfache Nur-da-Sein ohne Aktivität. Ich öffne mich in dieser Übung für die Erfahrung des jeweiligen Moments, ganz gleich, was kommt, ohne den Versuch, das zu kontrollieren. Ich nehme das an, was erscheint. Damit praktiziere ich, ohne es theoretisch zu erörtern, die Überzeugung: In einem letzten Sinn ist alles in Ordnung. Ich muss es nicht erst durch meine Taten und Projekte in Ordnung bringen. Was auch kommen mag, entspricht der Ordnung des großen Ganzen des Lebens. Erst wenn ich das akzeptiert habe, setzt meine Aktion ein. Wir können diese Haltung, die wir da einüben, „Vertrauen" nennen. Das ist genau das, was in der religiösen Denkweise „Glauben" (*fides*) genannt wird, denn dort bedeutet „Glauben" nicht ein Für-wahr-Halten von Lehrsätzen, sondern Vertrauen darauf, dass alles grundlegend in Ordnung ist, weil alles, ohne Ausnahme, Teil einer mich übersteigenden, nicht mit meinem begrenzten Verstand begreifbaren Ordnung der Wirklichkeit ist. Und da ich ein Teil dieses großen Ganzen bin, darin eingebettet und eben auch darin geborgen, gelten auch dessen Gesetze für mich. All meine Aktion ist nachrangig, vollzieht sich auf dieser Grundlage.

Abhängigkeit, Empfangen und Dankbarkeit sind fundamentale Lebenshaltungen, die in der meditativen Übung deutlich ins Bewusstsein gehoben, zu lebendiger Erfahrung werden. Sie deuten auf eine Beziehung hin. Ich bin abhängig von etwas. Im Empfangen bin ich nicht nur für mich da, sondern wenn ich empfange, gibt es einen Geber. Dankbarkeit ist eine Haltung, die ich nicht mit mir selbst abmache, sondern sie richtet sich auf jemanden, auf etwas, dem ich dankbar verbunden bin. In der meditativen Erfahrung ist also eine Beziehung zu einer Kraft, einer überindividuellen Wirklichkeit impliziert, zu etwas, auf das ich mit all meinen Kräften und Taten nicht einwirken kann, das meinem Einfluss entzogen ist, das ich auch mit größter Willenskraft nicht in eine bestimmte, von mir gewünschte Richtung drängen kann.

Im alltäglichen Sprachgebrauch haben wir uns angewöhnt, das mit Worten wie „Natur“, „Schicksal“ oder „Leben“ zu bezeichnen. Ich bin der Natur dankbar, dass die Sonne mich jetzt gerade wärmt. Ich fühle mich dem Leben verbunden, wenn der Atem mich durchströmt. Es ist dem Schicksal zuzuschreiben, wenn schwere Sorgen mich umtreiben oder die Trauer um den Verlust eines Angehörigen mich lähmt. Ich benutze diese Worte meistens, ohne dass für mich eine ausgefeilte Theorie dahintersteht. Es gibt eben etwas, das mich bestimmt – und das kann ich nicht fassen, es geht im Grunde über meine Begriffe hinaus.

Die religiöse Tradition verwendet dafür das Wort „Gott". Dieses Wort ist jeweils umgeben von einem ganzen Schwarm von Geschichten, Sagen, Mythen, Träumen, Erfahrungen, Lehrmeinungen und Dogmen. Sucht man es selbst aber präzise zu fassen, merkt man sehr schnell: Es entzieht sich. Es ist, wie die Tradition gesagt hat, ein Mysterium, ein Geheimnis. Kein Rätsel, das ich lösen könnte. Je mehr ich mich darum bemühe, desto undurchdringlicher wird es. Ich kann es nicht fest-stellen, nicht in mein Kategoriensystem einordnen. Es provoziert bestimmte Handlungen, etwa Gebete oder Opfer, eine bestimmte Lebensgestaltung. Aber was ist es selbst?

In der biblischen Tradition gibt es dazu eine klassische Geschichte: Mose begegnet einer unerklärlichen Naturerscheinung: einem brennenden Dornbusch, der von den Flammen nicht aufgezehrt wird. Ihm wird klar: Hier erscheint Gott, eine überirdische Macht. Er fragt nach ihrem Namen, um sie einordnen zu können. Gott antwortet mit einem unübersetzbaren Rätselwort, das man am ehesten deuten kann als „Ich bin, der ich bin" oder: „Ich bin da" – die Kraft der Präsenz.

Um Präsenz geht es in der Meditation. Aber wenn man das sagt, hat man schon begonnen, daran herumzudenken. Und alles Denken ist menschliches Denken, bleibt dieser Sphäre verhaftet. Es kann sich nicht einbilden, Gott vor den Richterstuhl des menschlichen Denkens zitieren zu können, seine Existenz oder Nichtexistenz zu erweisen. Gott ist jenseits allen Denkens.

In der Meditation erfahre ich jedoch: Ich bin ein bedingtes Wesen, bin abhängig von Umständen, die ich nicht kontrollieren kann. Ich lebe aus dem Empfangen. Die realistische Lebenshaltung ist: Dankbarkeit. In all dem ist eine Beziehung angedeutet: Bedingt – woher? Abhängig – wovon? Empfangen – wer ist der Geber? Dankbar – wem? Erst wenn ich diese Beziehung im Blick habe, deren anderen Pol ich nicht fassen kann, kann die Geisteshaltung, um die es hier geht, sich vollständig ausbilden. Eine Dankbarkeit als eine in sich ruhende Lebenshaltung, die bei sich bleibt, kann nicht die gleiche Intensität haben wie ein Dank, der einem (wenn auch unfassbaren) Du gegenüber ausgesprochen wird. Und wenn Jesus es wagt, Gott als „Vater" anzusprechen, dann aus der Lebenshaltung des Vertrauens heraus. Sie will im Drama des menschlichen Lebens mit all seinen Finsternissen das Leben schaffende Licht als Grund und Ziel nicht aus den Augen verlieren.

Das mag minimalistisch klingen: Muss und wird der Fromme nicht viel mehr über Gott sagen, wenn er Gottes Gegenwart spürt? Zweifellos! Hier aber geht es darum, welchen Ort der Gottesbegriff in einem spirituellen Leben hat. Er stammt nicht aus einem spekulativen Denken, sondern legt Lebenserfahrung aus, ist und bleibt darauf bezogen.

> Damit folgen wir einem Hauptmotiv protestantischer Theologie, das ihr von Anfang an eigen ist. Schon in der Einleitung zu den „Loci Communes" (1521) von Philipp Melanchthon lesen wir: „Christus erkennen wir, wenn wir seine Wohltaten erkennen, nicht, was die scholastischen Theologen lehren, wenn wir seine Naturen oder die Arten der Inkarnation betrachten." Wilhelm Herrmann drückte es lapidar so aus: „Von Gott können wir nur sagen, was er an uns tut" (*W. Herrmann: Schriften zur Grundlegung der Theologie, Theologische Bibliothek Band 36/2, hrg. v. P. Fischer-Appelt, München 1967, S. 314*).
> Wer sich näher mit der Geschichte theologischen Denkens beschäftigt hat, wird gemerkt haben, dass der theologische Ansatz Schleiermachers in seiner „Glaubenslehre" mit der zentralen Stellung des „Gefühls schlechthinniger Abhängigkeit" für uns eine inspirierende Rolle spielt. Von einem „Gott an sich" kann in der Theologie also nicht die Rede sein. Weil Religion sich im Lebensverhältnis der Frömmigkeit ausspricht, ist sie nach Schleiermacher weder Wissen noch Handeln. Deshalb muss die Theologie sich von Metaphysik und Moral scheiden. Die theologische Gotteslehre hat nicht die Aufgabe, spekulative Sätze über Gott auszuarbeiten, sie muss das Wesen der Frömmigkeit auslegen und eng darauf bezogen bleiben. Nichts anderes versuchen wir hier. Deswegen haben, strenggenommen, alle Sätze über Gott keine theoretische Eigenbedeutung. Sie haben nur den Sinn, das zu klären, was wir in einem kontemplativen Leben erfahren.

Noch einmal die Frage: Welchen Sinn hat diese religiöse Wendung der Meditation?

Das Bewusstsein, dass ich den gegenwärtigen Moment empfange, dass ich einem Geber dankbar bin, dass ich in einer Beziehung bin, verleiht der Meditation eine andere Färbung. In der alltäglichen Übung tritt diese Ebene nämlich leicht in den Hintergrund. Ich bemühe mich darum, mich zu konzentrieren, es tauchen Erinnerungen an vergangene Zeiten auf, Gefühlsregungen kommen und gehen, geistige Reaktionsmuster in der Form von Urteilen über andere Menschen erscheinen, ich gewinne ein Stück Selbsterkenntnis: All das kann das Bewusstsein in der Meditation ganz erfüllen. Ich gehe in dem Strom dieser Absichten, Gedanken, Gefühle, Erfahrungen auf. Für die Grundsituation des geborgenen Eingebettetseins ins große Ganze, der Abhängigkeit, des Empfangens, die faktisch all dies durchzieht, bleibt gar kein Raum; sie verbirgt sich dahinter. Auch dass die Haltung, die die Meditation prägt, eine Haltung des Vertrauens ist, ist nur unbewusst da. Das Gottesbewusstsein gibt der Meditation einen Rahmen, um diese Grundbedingungen des Lebens bewusst zu halten. Es ist also ein Hilfsmittel für meditative Erkenntnis und taucht darüber hinaus auch die Praxis in ein bestimmtes klares Licht!

Wenn die Übung diese Wendung nimmt, erreicht sie geistige Weite und wird davor bewahrt, nur ichbezogene Fähigkeiten zu entwickeln, wie Selbsterkenntnis, die Fähigkeit zur Konzentration oder Entspannung. Das hat eine aktuelle Bedeutung. „Achtsamkeit" ist zum Modewort geworden; Trainings, die aus der Vipassana-Meditation hervorgegangen sind, werden immer häufiger dazu benutzt, sich fitter zu machen, sodass man sich den Anforderungen der modernen

Arbeitswelt besser anpassen kann. Damit ist eine Kommerzialisierung der Szene verbunden. Sicher hat die meditative Übung schon von ihrem Ursprung her den Effekt, dass ich mich besser und realitätsgerechter in der Welt bewegen kann - dass ich „glücklicher" werde. Nichts dagegen, im Gegenteil! Denn das kann mich ermutigen und dranbleiben lassen. Wenn es aber ausschließlich ins Zentrum rückt, geht die Wahrheit der Meditation verloren. Es geht dann nur noch um mich - eine groteske Fehlentwicklung. Deshalb hat der religiöse Hintergrund der Meditation eine fundamentale Bedeutung; deshalb ist es wichtig, sich diese religiöse Dimension bewusst zu machen!

# 6
# Gott als Gegenüber und das Gebet

Lässt sich im Rahmen unserer Überlegungen noch mehr von Gott sagen?

Die theologische Tradition sagt sehr viel mehr, und diese Lehren stammen durchaus nicht nur aus spekulativem metaphysischem Denken. So schreibt Gerhard Ebeling in seiner „Dogmatik des christlichen Glaubens" (*Band 1, Tübingen 1979, S. 193*): „Das Phänomen des Gebets wird [...] zum hermeneutischen Schlüssel der Gotteslehre. Von da aus öffnet sich das Verständnis für das Gott zugesprochene Sein und für die Gott zugesprochenen Attribute. Die Lehre von Gott ist deshalb in Korrelation zur Lehre vom Gebet zu entwerfen." Die Gebetserfahrung ist die Grundlage; alle Aussagen über Gott sind nur insoweit berechtigt, als sie aus dieser Erfahrung hervorgehen. Die Lehre ist also auch hier kein reines Denkprodukt, sie legt Erfahrung aus und legitimiert sich dadurch. Diesem Ansatz folgen wir hier aber trotzdem bewusst nicht. Uns geht es darum, in die religiöse Erfahrung einzuweisen, den Zugang zu ihr zu bahnen und bei bestimmten Themen das, was sich schließlich aus Erfahrung ergibt, zusammenzustellen. Es wäre fatal, wollte man im Vorhinein festlegen, was sich erst aus Erfahrung ergeben kann. Und gerade die Lehre vom Sein und von den Eigenschaften Gottes steht immer in der Gefahr, die dem Bewusstsein allgegenwärtigen metaphysischen Inhalte in die Erfahrung hineinzulesen – das geschieht schon dadurch, dass dieses Thema als eine „Lehre" daherkommt, also einen rationalen und systematischen Anstrich hat, und sich dadurch entgegen der eigenen Absicht von Erfahrung entfernt. Vielmehr darf unserer Meinung nach Auslegung sich nicht von

Erfahrung lösen. Es muss immer deutlich bleiben, dass sie nur dazu dient, Erfahrung zu ermöglichen und zu klären.

Von „Gott an sich“ wollen und können wir, wie schon erörtert, nichts sagen. Wenn wir ihn nennen, geht es um die Beziehung zu einer Kraft, die wir in keiner Weise fassen und bestimmen können. Aber sie macht sich bemerkbar. In der Meditation wird das deutlich. In ihr kommt unsere eigene Aktivität zur Ruhe. In ihr beschäftigen wir uns nicht mit unseren Taten und dem, was sie uns bringen. Deshalb erkennen wir in dieser Praxis: Unser Leben wird uns im Atem in jedem Moment neu gegeben – von wem? Der Lebensprozess konfrontiert uns immer wieder mit neuen Begegnungen und Phänomenen, die wir nicht erzeugt und nicht gewählt haben – woher kommen sie? Wir sind eingebettet in eine große, uns umgreifende Ordnung, die wir nicht gestaltet haben – wer oder was hat sie gestaltet? So sind wir abhängig – von wem? Auf jede dieser Fragen antworten wir mit dem Wort „Gott“.

Weil heutzutage Religion von weiten Kreisen mit Misstrauen betrachtet wird (oft aus verständlichen Gründen, nicht selten aber auch aus Gedankenlosigkeit), setzt man hier wie gesagt gern andere Worte ein: „Natur“, „Schicksal“ oder „Leben“ zum Beispiel. Wenn wir das tun, liegt es nahe, diese Begriffe inhaltlich so zu füllen, wie wir es gewohnt sind bzw. wie die Tradition das vorgegeben hat. Das geschieht meist automatisch, gerade auch dann, wenn man keine theoretischen Studien gemacht hat und die Worte unreflektiert verwendet.

Die Begriffe rufen in unserer Kultur von selbst bestimmte Vorstellungen hervor. Beispielsweise könnte ich sagen: „Das Leben schenkt mir den Atem" - weil ich lebe und mit meiner Existenz das Leben verbunden ist, ist der Atem auch ganz selbstverständlich da. Das gehört eben dazu, ist nicht weiter erstaunlich oder bemerkenswert. Oder: „Die Natur hat die Erde entstehen lassen, von der ich lebe." Auch dies wird in dieser Redeweise wie eine allgemeine Wahrheit ausgesagt, die fraglos gilt. Im Wort „Natur" schwingt das „Naturgesetz" mit, das eben alles bestimmt.

Die Allgemeinbegriffe, mit denen ich meine aktuelle Erfahrung auslege, verkehren meine Erfahrung zu etwas Selbstverständlichem, zu einer allgemeinen und dann auch trivialen Wahrheit. So kann ich auch mit „Gott" umgehen, ihn etwa als „schöpferisches Prinzip" verstehen. Auf diese Weise wird das, was mir das Leben gibt, vergegenständlicht, zu einem Denk-Objekt, mit dem ich in bestimmter Weise umgehen kann. Es steht mir nicht mehr rätselhaft und unbegreiflich gegenüber, sondern ist ein Baustein meiner Weltanschauung. Damit ist dann aber das, was „Abhängigkeit" meint, in seiner Radikalität außer Kraft gesetzt. Das „Wunder des Lebens" kommt mir so nicht mehr nahe, wird zu einer poetischen Redewendung ohne existenzielle Bedeutung. Vielmehr kann ich das Leben begreifen und berechnen. Ich kann mit der medizinischen Technik zum Beispiel bestimmte Fehlfunktionen des Atems beheben, ihn unterstützen, damit er normal funktioniert, mich ohne Probleme leben lässt. Dass er in Wahrheit meinem Zugriff entzogen ist, merke ich dann nur noch am Ende meines Lebens, wenn er von selbst aufhört. Auch darüber kann ich mit einem Schulterzucken hinweggehen: So ist das eben mit dem Tod. Der Mensch hat seine Kraft verbraucht – ganz natürlich!

Der Unverfügbarkeit des Lebens, der Unbegreiflichkeit all dessen, was uns begegnet, was uns gegeben wird, dem Staunen und der *perplexity*, die damit einhergehen – diesen zentralen Erfahrungen der Meditation können solche Allgemeinbegriffe wie „Natur" oder „Leben" nicht gerecht werden. In der religiösen Sprache, die von Gott redet, ist genau das aber das Thema. Deshalb nehmen wir den religiösen Sprachgebrauch hier auf. Er passt einfach besser zu den meditativen Erfahrungen!

Was unterscheidet dieses Wort „Gott" von abstrakten Begriffen, von metaphysischen Prinzipien? Zwei Gesichtspunkte muss man nennen:

Aus der Erfahrung der Meditation heraus möchten wir zum einen sagen: Die Instanz, von der wir abhängig sind, steht für sich, uns gegenüber, und ist in sich frei. Das ist ein theoretischer Satz über Gott, aber er hat hier „nur" die Bedeutung, auf eine Erfahrung hinzuweisen: Wir können diese Instanz nicht beeinflussen und nicht voraussehen, was von ihr kommt. Wir müssen in jedem Augenblick frisch hinschauen, was wir gerade jetzt erhalten – weil es nicht selbstverständlich, nicht immer das Gleiche ist. Nur so verstanden sind wir in Wahrheit abhängig, ist unser Empfangen immer wieder neu.

Zum anderen ist zu fragen: Wie soll ich mich auf ihn beziehen? Ich kann ihn nicht denken, mich nicht auf ihn als einen „Denkgegenstand" beziehen, wie zum Beispiel auf die Natur. Wenn ich überhaupt eine Beziehung suche, kann ich also nur „du" zu ihm sagen, kann ich nur eine persönliche Beziehung aufnehmen. Nur so wird seine Freiheit gewahrt.

Das kann allerdings Anlass zu Missverständnissen geben: Gott ein „Du"? Das scheint Gott auf ein menschliches Niveau herabzuziehen: Gott als ein ins Ungeheure gesteigerter Mensch? Doch das ist ein oberflächliches Missverständnis. Denn dass ich „du" sage, sagt etwas aus über mich, nicht über Gott. Ich kann nur auf diese Weise Kontakt zu einem Gegenüber aufnehmen, das ich schätze und achte, das mir viel bedeutet. So kann ich Kontakt zu einem Baum in meinem Garten aufnehmen; wenn ich ihn „du" nenne, sage ich nicht, dass er eine menschliche Natur habe. Ein anderes Beispiel dafür stammt aus Wagners Oper „Tannhäuser". Als Elisabeth die große Halle der Wartburg wiedersieht, bricht sie in die jubelnden Worte aus: „Dich, teure Halle, grüß ich wieder!" – tief bewegt tritt sie in Kontakt zu diesem Raum. Das ist nur möglich, wenn sie ihn mit „du" anredet. Niemand wird auf die Idee kommen, dass sie der Halle damit eine menschliche Gestalt zuschreibt. Nein, Kontakt ist einem Menschen nur auf diese Weise möglich. Wenn ich „du“ zu Gott sage, bleibt er für mich die absolut unbegreifliche Wirklichkeit.

Das bedeutet aber - und damit gehen wir in der Auslegung dessen, was in der Meditation geschieht, einen Schritt weiter: Zur meditativen Erfahrung gehört nicht nur der Blick auf das, was wir im Sitzen und Gehen empfangen - nicht nur der Blick auf den Atem, die Körperempfindungen, die Gedanken und all das, was jeden Moment erfüllt. Es gehört dazu auch das Bewusstsein, dass all das mir ohne mein Zutun und in wunderbarer, staunenerregender Weise gegeben wird - in jedem Augenblick neu. Ich kann das nur wissen, wenn ich merke, dass darin eine Beziehung zu dem Geber all dieser Lebensphänomene mit gesetzt ist. Wenn ich achtsam bin auf den Vorgang des Empfangens, gehört die Beziehung zu Gott mit dazu. Es ist die Beziehung zu einem freien Gegenüber, zu einem Du, das uns (als Geber, als Ursprung des Lebens) ganz und gar überlegen ist. Auch wenn wir uns dieser Instanz gegenüber in bestimmter Weise verhalten, haben wir keinen Einfluss auf sie: „Spricht denn der Ton zu seinem Töpfer: Was machst du? Wie der Ton in des Töpfers Hand, so seid auch ihr vom Hause Israel in meiner Hand“ (Jesaja 45,9 und Jeremia 18,6). Hier kommen unser Tun und Wollen an ihre absolute Grenze. So wird klar: Wir können hier nichts mitbestimmen. Die einzig mögliche Haltung ist ein Empfangen, also das anzunehmen, was ohne meine Mitwirkung geschieht.

Damit sind wir wieder bei der Haltung, die wir in der Meditation praktizieren. Die Beziehung, die mit dem Empfangen gegeben ist, wird in der Meditation nicht ausdrücklich vollzogen. Ergreife ich sie, vollziehe ich sie ausdrücklich, trete ich in den Bereich des religiösen Lebens ein. Es zwingt mich nichts dazu. Ich kann auch bei einer Meditation verharren, die in der Stille bei dem bleibt, was mir gegeben wird, und so in den Strom des Lebens eintaucht. Aber es spricht doch viel dafür, einen weiteren Schritt zu tun und sich der Beziehung, die im Empfangen des Lebens waltet, ausdrücklich zuzuwenden.

Tue ich das, dann eröffnet sich hier noch eine weitere Übung: die des Gebetes. Auch das Gebet ist ein Beziehungsgeschehen: Ich wende mich an Gott, der mir gegenübersteht. Mit der Vorstellung von Gott als Du wird dieses Gegenüber angesprochen: Ich lebe vor Gott. In der Meditation ist diese Konstellation unausdrücklich da, wenn ich etwas dankbar annehme, aber ich wende mich dem Geber nicht direkt zu.

Im Gebet trete ich nun explizit in diese Beziehung ein, vollziehe sie selbst und lasse sie damit erscheinen. Weil ich schon immer empfangen habe und weiter empfange, was Gott mir zuschickt, ist mein Beitrag im Gebet ausschließlich Antwort. Das qualifiziert die Beziehung, um die es hier geht: Es ist keine zwischen Gleichen, sondern eine zwischen dem, der allein gibt, und dem, der einzig empfängt. In traditioneller Sprache ausgedrückt: zwischen Schöpfer und Geschöpf. Aber – und das geht über die Meditation hinaus – aus dem Empfangen folgt eine Aktion: das Beten. Darin tritt der Mensch als sich unterscheidendes Lebewesen, als Ich, in Erscheinung. Meine Antwort auf Gottes Gabe, meine Meinung, meine Hoffnung, meine Befürchtungen, meine Pläne und meine Urteile, kurz: Alles, was mich als geistiges Wesen ausmacht, findet im Gebet Platz.

Im nächsten Kapitel versuchen wir die unterschiedlichen Formen kontemplativer Übung zu charakterisieren; da gehen wir dann auch näher auf das Gebet in seinen unterschiedlichen Formen ein: als inneres, als freies und als gebundenes Gebet.

# 7
# Fünf Übungsweisen

Religion ist nach unserer Überzeugung kein System von Lehren über „Gott und die Welt". Religion ist eine Lebensweise. Sie macht ernst damit, dass der Mensch eingebettet ist in große Zusammenhänge, die ihm grundsätzlich vorgegeben sind. Alle theoretisch formulierten Begriffe und Konzepte müssen sich auf diese religiöse, die kontemplative Lebenspraxis zurückbeziehen lassen und sollen lediglich helfen, diese Lebensweise zu erläutern und zu klären.

Betrachten wir nun verschiedene Weisen kontemplativer Praxis, die sich aus dem bisher Gesagten ergeben. Wir kommen da auf fünf unterschiedliche Übungsweisen, in denen sich spirituelles Leben vollzieht:

- die Meditation der Achtsamkeit,
- die Übung eines umfassenden Gewahrseins,
- das innere Gebet,
- das freie Gebet,
- das in seinem Wortlaut vorgegebene Gebet.

## 1. Die Meditation der Achtsamkeit

In den vorangegangenen Kapiteln haben wir immer wieder auf die Meditation der Achtsamkeit Bezug genommen; jetzt beschreiben wir die Übung etwas allgemeiner:

Wir setzen uns hin und lassen bewusst alle eigene Aktivität sein, sind nur da und bemühen uns um geistige Präsenz. Es geschieht in diesem Zustand nur das, was ohne unser Zutun kommt und geht, zunächst der Atem und dann die Fülle dessen, was den Moment ausfüllt und was ich bewusst wahrnehmen kann: Körperempfindungen, akustische und optische Reize, Gedanken, die unwillkürlich am Horizont des Bewusstseins erscheinen und wieder vergehen, Gefühle und Stimmungen, die ebenfalls kommen und gehen. In der Meditation der Achtsamkeit lasse ich das geschehen und bin aufmerksam dabei. Ich richte die Aufmerksamkeit immer nur auf ein Phänomen, nämlich auf das, was gerade im Vordergrund des Bewusstseins steht, und suche es möglichst feinfühlig in seiner Eigenart zu erfassen. Es geht also nicht darum, es begrifflich zu kategorisieren, sondern eher darum, seine sinnliche Erscheinungsweise wahrzunehmen. Wie fühlt sich beispielsweise Sehnsucht an? Führt sie irgendwelche Bilder oder Gedanken mit sich? Wohin versucht sie mich zu treiben?

Ich meditiere hier mit einer Haltung des Interesses. Ich will wissen, was jetzt gerade geschieht. Und ich gestehe mir ein: Ich weiß es nicht. Deshalb muss ich genau hinschauen. Auch bei scheinbar vertrauten Phänomenen wie dem Atem schaue ich, wie genau er sich jetzt gerade vollzieht und was ich in diesem Moment davon spüre. Davon habe ich kein Vorherwissen. Ich muss es jetzt erfahren und sensibel auffassen. Die Grundfrage jedes Momentes ist: „Was ist das?" – als eine wirkliche Frage, die ich stelle, weil ich es eben nicht weiß. Oberflächliche Antworten zählen hier also nicht. Ich merke immer mehr: *Jeder Moment ist einmalig, ich muss mich ihm aufmerksam zuwenden, wenn ich ihn wirklich erleben will.*

Es kommt noch ein wichtiger Aspekt hinzu. Auf die Frage „Was ist das?" antworten wir oft mit Begriffen: Das ist der Atem, das ist ein Schmerz, das ist Ärger. Diese Begriffe wirken wie große Kästen; unendlich viele Phänomene lassen sich da einsortieren. Wir haben uns angewöhnt, wenn wir über einzelne Erscheinungen (wie etwa den Atem oder den Ärger) sprechen, beim Nennen dieser Begriffe stehenzubleiben. Das verschafft eine allgemeine Orientierung und reicht in der Regel, wenn wir uns verständlich machen wollen. Dabei vergessen wir: Dieser Atemzug, diese Regung von Ärger, die ich jetzt gerade spüre, ist damit noch gar nicht erkannt. Als einzelne Phänomene haben sie eine solche Besonderheit, eine derartige Vielgestaltigkeit, dass ich all das, was daran zu merken ist, gar nicht mehr sprachlich fassen kann. Ich kann es nur fühlen und erleben. Zu dieser *Wahrnehmung des Einmaligen, des Subtilen* führt die meditative Achtsamkeit hin. Es begleitet sie deshalb der Eindruck von *perplexity*, wie es der schöne und nicht recht übersetzbare englische Ausdruck nennt – sie führt zum Staunen über eine Welt, die ich nicht fassen kann.

Zugleich gewinne ich in dieser Form der Meditation Erkenntnisse und Einsichten. Als wir über den Atem sprachen, haben wir einiges aufgezählt, was sich in der Meditation erschließt.

Sehr wichtig ist diese Übungsweise auch, um *Selbsterkenntnis* zu gewinnen. Dafür ist die Betrachtung von Gedanken und Gefühlen besonders bedeutsam. Längere Meditationsphasen in einem Retreat lassen einen Blick in mein Inneres entstehen, der oft schmerzlich ist. Ich merke, welche Kräfte mich wirklich bewegen, zum Beispiel Regungen von Habenwollen und Gier. Mir wird bewusst, welchen Schaden das schon in meinem Leben und in dem meiner Nächsten angerichtet hat. Ich werde konfrontiert mit meiner geistigen Enge, wenn ich meine Denkmuster erkennen muss, die Gedankenketten, die sich ständig wiederholen. Ich kann nicht mehr verdrängen, was ich in meinem Leben versäumt habe und was nicht in Ordnung war und ist. In dieser Weise ist die Meditation ein geistiger Reinigungs- und Läuterungsprozess und hat eine tiefgreifende ethische Wirkung. Deshalb ist die Meditation der Achtsamkeit eine zentrale Übungsweise und unverzichtbar auf dem spirituellen Weg.

In dieser Übungsweise tritt das Ich zurück. Wenn ich mit der Meditation beginne, habe ich keinen Plan für das, was geschehen soll und was ich erreichen will. Ich bin einfach präsent und offen für alles, was da ohne mein Zutun kommt, und wende mich dem zu. Meine individuell geprägte Persönlichkeit spielt für die Achtsamkeit keine Rolle. Sie ist weder alt noch jung, weder männlich noch weiblich, weder gebildet noch ungebildet. Sie ist überpersönlich. Und die Wahrnehmung selbst vollzieht sich rein rezeptiv. Es ist eine alte Erfahrung in der Meditation: Ein aktives Eindringen-Wollen in den Gegenstand führt eher zur Verkrampfung als zu gesteigerter Sensibilität. Feinfühliges Wahrnehmen geht Hand in Hand mit entspannter Offenheit.

Dennoch ist für die Achtsamkeit ein Rest an Aktivität, die von mir ausgeht, unverzichtbar. Ich bin es, der sich dem zuwendet, was jetzt gerade erscheint. Ich konzentriere mich auf dieses Phänomen. Wenn ich es in seiner Besonderheit erfassen will, muss ein Abstand bleiben zwischen mir und ihm. Mit der Konzentration und der Frage: „Was ist das?" bin ich aktiv dabei. Allerdings geschieht es in intensiver Achtsamkeitsmeditation auch, dass der Abstand zwischen mir und der Welt schwindet, dass ein Erlebnis von Einheit sich herstellt. Aber damit ist die Übung der Achtsamkeit überschritten. In der zweiten Übungsweise, der wir uns jetzt zuwenden, ist das anders.

## 2. Das Offene Gewahrsein

Wie in der Meditation der Achtsamkeit sitze ich in dieser Übungsweise einfach nur da und öffne mich für das, was von sich aus kommt. Dieses nehme ich nun aber nicht mehr in den Fokus meiner Aufmerksamkeit. Vielmehr verharre ich in umfassender Offenheit. Mein Bemühen richtet sich allein darauf, einen großen Horizont aufzuspannen, an dem alles erscheinen kann. Ich will nichts, ich erwarte nichts. Der Horizont des Bewusstseins ist in keiner Weise gefärbt, sondern leer wie ein blanker Spiegel, sodass die Inhalte, die in das Bewusstsein treten, in ihrer Eigenart aufscheinen können. Wenn ich in dieser Weise meditiere, merke ich, was jeweils in diesen Horizont des Bewusstseins tritt, aber ich untersuche es nicht in spezifischer Weise. Ich nehme nur wahr, wie die Phänomene kommen, kurz oder länger verweilen und wieder verschwinden. Ich versuche nur, die „offene Weite" des Bewusstseins aufrechtzuerhalten. Ich übe hierin also eine empfangende Haltung. Ich selbst mit meinen Prägungen und Begrenzungen trete ganz und gar zurück und gebe dem anderen, was es auch sein mag, Raum, sich zu zeigen. Jede sprachliche, jede begriffliche Charakterisierung fällt hier fort, weil das wieder eine geistige Tätigkeit wäre. Damit hängt zusammen: Der Horizont, der sich da aufspannt, ist unpersönlich und überpersönlich. Er ist nicht von mir und meiner Individualität geprägt. Er ist reines Medium.

Was hier ins Zentrum rückt, ist die Rezeptivität. Ich bin nicht aktiv tätig, wenn ich meditiere, sondern empfange, was von selbst kommt. So ist das Offene Gewahrsein ein bedingungsloses Erwarten. Wir haben das Erscheinen jedes Momentes mit seiner inhaltlichen Spezifik nicht in der Hand, es kommt einfach, woher und weshalb auch immer, und das respektieren wir mit unserer meditativen Haltung und konkretisieren es im Offenen Gewahrsein.

Ausdrücklich gebe ich hier die Kontrolle über mein Leben ab. Auch hier spielt das Nichtwissen, was kommen wird, also eine große Rolle, aber anders als in der ersten Übungsweise. Dort werde ich mir bewusst: Ich habe keine Ahnung, was das Phänomen, das gerade im Zentrum der Aufmerksamkeit steht, wirklich ist. Hier geht es darum, dass ich nicht weiß, was der nächste Augenblick bringen wird. Wenn ich mein Leben empfange, kann ich es nur zu einem kleinen Teil kontrollieren. Auch wenn ich es (natürlich!) gestalte, kann ich nie mit Sicherheit wissen, was aus meinen Plänen und Maßnahmen wird.

Das ist eine Tatsache. Wenn ich mein Leben betrachte, kann ich das erkennen. In der Praxis des Offenen Gewahrseins sage ich ja dazu. Ich nehme das an, was von selber kommt. Im alltäglichen Leben kann und sollte ich mich dann in einem zweiten Schritt fragen, wie ich auf das, was gekommen ist, reagiere – im freien Gebet, also unserer vierten Übungsweise, wird das wichtig. In der meditativen Übung des Offenen Gewahrseins aber bleibe ich beim Annehmen. Damit akzeptiere ich die grundlegende Situation, in der ich als Mensch mich befinde, und übe mich darin, sie zu leben.

Im Offenen Gewahrsein bin ich schutzlos dem ausgeliefert, was auf mich zukommt. Was ich dabei übe, ist die Haltung des Vertraues. Nur so kann ich mich bedingungslos öffnen. Was immer kommen mag, es gehört zum Leben, und ich lerne, damit umzugehen. Diese Erfahrung lässt Vertrauen wachsen. Wenn Vertrauen in mir Wurzeln geschlagen hat, bleibt es bei mir, auch wenn das Leben schwierig wird und mich herausfordert, mich manchmal auch überfordert.

Die beiden meditativen Übungsweisen, die wir bisher besprochen haben, sind nicht austauschbar. Beide sind wichtig. In beiden üben wir grundlegende Aspekte des kontemplativen Lebens. Beide haben ihr Recht. Am Anfang meines Weges in der Meditation wird die Achtsamkeit im Zentrum stehen; dann aber wird es immer wichtiger werden, auch dem Offenen Gewahrsein seinen Platz einzuräumen und zwischen beiden Weisen der Übung bewusst abzuwechseln.

* * *

Wir beenden diesen Abschnitt mit einer kurzen praktischen Anleitung für die ***Übung des Offenen Gewahrseins***:

*Wenn ich mich hingesetzt habe, spüre ich zunächst meine Sitzhaltung: Aufrecht und entspannt sitze ich da.*

*Dann wende ich mich dem Atem zu und spüre, wie er von selbst kommt und geht.*

*Wenn ich den Eindruck habe: „Jetzt bin ich dabei!", wende ich mich den Tönen und Geräuschen dieses Momentes zu. Ich mache mich dazu ganz offen und weit: Ich bin ganz Ohr. Ich konzentriere mich nicht auf einzelne akustische Ereignisse; vielmehr lasse ich alles Hörbare zu mir kommen und nehme es auf. So bin ich ganz und gar rezeptiv, empfangsbereit.*

*Habe ich mich in dieser Haltung verankert, weite ich meine Aufmerksamkeit auf alles aus, was den gegenwärtigen Moment erfüllt. Ich bin einfach nur da und nehme alles entgegen, was geschieht: Geräusche, Gedankenfetzen, Körperempfindungen – was auch immer. Ich bin präsent mit einem ganz weiten Bewusstsein, in dem alles, was erscheinen will, seinen Platz findet. Ich bin dabei und nehme wahr, wie alles kommt und geht. In meiner Aufmerksamkeit ist Platz für alles, auch in seinem Zusammenspiel. Ich verenge mich nicht, indem ich mich auf Einzelnes konzentriere. Das Offene Gewahrsein bleibt weit.*

*Wenn ich den Eindruck habe: „Jetzt habe ich mich verloren", dann gehe ich wieder zum Atem zurück, dann zum Hören, und vollziehe von da aus wieder den Schritt in die Weite, zum Offenen Gewahrsein.*

## 3. Das Innere Gebet

Das Innere Gebet stammt aus der christlichen Tradition. Diese Übungsweise geht noch einen Schritt weiter als das Offene Gewahrsein. Dort spanne ich einen weiten Horizont auf, vor dem alle Phänomene erscheinen können. Ich erfahre, wie sie kommen und gehen, und empfange, was erscheint, ohne es zu analysieren, ohne bewusst verstehen zu wollen oder irgendwie einzuordnen. Im Inneren Gebet berücksichtige ich ausdrücklich, dass mir all das, was sich auf diese Weise zeigt, gegeben ist. Es ist nicht das Produkt meiner Vorstellungskraft. Nicht ich bin es, der es herstellt, sondern es stammt von dieser geheimnisvollen schöpferischen Kraft, von Gott. Zu Gott nehme ich im Inneren Gebet Beziehung auf, eine Beziehung vom Empfänger zum Geber. Damit ist das Ich, das im Offenen Gewahrsein ganz zurückgetreten war, an dieser Übungsweise wieder beteiligt. Ich nehme auftauchende Phänomene nicht mehr nur als solche wahr, die einfach so erscheinen, sondern als solche, die mir gegeben sind.

Die für mich wichtigste Gabe ist der Atem. Von ihm hängt alles ab – Atem ist Leben. Ohne den Atem ist für mich alles aus. Daher ist es sinnvoll, wenn wir uns im Inneren Gebet zunächst einmal auf die Wahrnehmung des Atems beschränken und dabei im Sinn haben: Der Atem ist uns gegeben.

Was meint nun „Beziehung"? Was heißt in diesem Zusammenhang: „Beziehung aufnehmen"?

Bedenken wir: In der Gabe ist der Geber präsent. Wenn ich von einem anderen Menschen monatlich durch eine Geldzahlung unterstützt werde, ist er zumindest indirekt präsent, wenn ich das Geld empfange. Ich kann es zwar vergessen, daran zu denken, weil die Banküberweisung automatisch erfolgt, ich kann es für selbstverständlich nehmen, aber wenn ich mich um ein bewusstes Leben bemühe, wird es mir jedes Mal aufs Neue klar sein. So ist es auch mit Gott und dem Atem. Weil der Atem so elementar ist, gehört er einfach dazu; normalerweise denke ich gar nicht daran, dass er eine Gabe ist. Aber in einem achtsamen Leben sollte das anders sein!

Gott ist im Atem als der Geber präsent. Und der Geber gibt sich in der Gabe wenigstens in einem Aspekt seines Wesens zu erkennen. In dem Beispiel von der Geldzuwendung erlebe ich den Geber als einen großzügigen Menschen, der mir zugewandt ist. So ist es auch mit Gott. Ich weiß, dass ich ihn nicht fassen kann - er ist in seiner Natur für mich unbegreiflich. Ich kann ihn nicht begrifflich festlegen, kann ihn nicht denken. Und dennoch offenbart er sich in einem Teil seines Wesens in seiner Gabe. Das allein ist für mich wichtig - was mir entzogen bleibt, muss mich nicht kümmern.

Wie tritt Gott in der Gabe des Atems in Erscheinung? Er will, dass ich bin, und er sorgt dafür, dass ich am Leben erhalten bleibe. Ich kann mir darauf nichts einbilden, denn das ist bei den unzähligen anderen Lebewesen ganz genauso. Aber für mich selbst ist es extrem wichtig. Ich erfahre also in der Gabe des Atems: Gott ist für mich da, er sorgt für mich, er will, dass ich lebe – ja, ich kann es wagen zu sagen: Gott liebt mich. Das zeigt mir das Geschenk des Atems. Es ist ein reines Geschenk: Ich erhalte es, ohne dafür etwas geleistet zu haben. Der Atem geht jeder konkreten Lebensregung voraus. Bedingungslos.

Wir erinnern uns an das, was wir vom Atem sagten: Die Luft, die wir einatmen, umgibt uns von allen Seiten. Der Atem ist wie ein Freund, der uns immer begleitet, in allen Situationen, in den Wechselfällen des Lebens, ganz gleich, wie positiv oder negativ wir uns entwickeln. Gott ist nicht mit dem Atem identisch, aber er ist in seiner Gabe präsent, ist also genauso präsent wie die Gabe des Atems. Deshalb kann der Psalmbeter sagen: „Von allen Seiten umgibst du mich und hältst deine Hand über mich." Und sehr nüchtern stellt er auch die Grenzen seines Verstehens fest: „Diese Erkenntnis ist mir zu wunderbar und zu hoch, ich kann sie nicht begreifen!" (Psalm 139,5f).

Diese Zusammenhänge habe ich im Inneren Gebet im Sinn. Wenn ich den Atem spüre, nehme ich nicht nur sein „Ein" und „Aus" wahr, sondern bin mir bewusst, dass er eine Gabe ist und in dieser Gabe der Geber präsent ist. Die christliche Tradition hat mit einer ganzen Reihe von Bildern dieses Verhältnis zu Gott als dem Geber zu veranschaulichen versucht. Da ist das Bild des Säuglings an der Mutterbrust – geliebt, genährt und beschützt ohne eigenes Verdienst. Oder: Ich sitze in Gottes Schoß. Oder: Es ist, wie wenn ein Freund an meiner Seite ist. All das sind Vorstellungen, die helfen können, diese umfassende und heilsame Präsenz Gottes in meinem Bewusstsein zu realisieren.

Wichtig ist, dass es dabei nie um ein irgendwie geartetes „süßes Gefühl" geht, in dem man schwelgen könnte. Man katapultiert sich nicht in irgendwelche überweltlichen Ideen hinein, weg vom oft schwierigen Alltag. Auch hier ist man dem, was den Atem begleitet, Schwierigkeiten und Leidvollem, Schönem und Freudebringendem, ausgesetzt und muss sich mit allem auseinandersetzen. Ich bin damit nur nicht mehr allein. Zunächst will das wie ein Konstrukt erscheinen, das ich mir ausgedacht habe als Hilfsmittel. Doch wenn man genauer hinschaut, ist es etwas ganz anderes, nämlich die Erinnerung daran, dass mir das Leben geschenkt ist. Ich bin tatsächlich in keinem Moment meines Lebens allein: Immer ist der „Urheber" dieses Geschenks, fühlbar im Atem, bei mir. Das ist die Erfahrung des Inneren Gebets.

Wie kann ich nun in diese ***Übung des Inneren Gebets*** einsteigen?

Ich spüre den Atem, wie er kommt und geht, bin mir bewusst, dass er eine letztlich unverfügbare Gabe ist und dass, wie in jeder Gabe, der Geber darin präsent ist. Ich mache mir klar, dass das, was ich als Atem in mich ein- und wieder ausströmen fühle, mich auch von allen Seiten umgibt - es ist mein Lebenselement. Und ich kann mich dabei an das schon angeführte Zitat aus Psalm 139 erinnern oder an einen Ausspruch des Mystikers Tersteegen:

„Du in mir - ich in dir" (vgl. auch Johannes 17,21ff).

Das Innere Gebet ist also eine Übung, in der ich mich alltäglich vergewissern kann, dass ich geliebt und beschützt bin. Ich sitze einfach da und nehme in der angedeuteten Weise jeden Augenblick wahr, ohne etwas zu machen. Ich spüre den Freund Atem in mir und die Luft um mich herum und überlasse mich ganz wach diesem Moment. Und erfahre darin, bildlich gesprochen, dass ich in Gottes Schoß sitze, so wie ich bin, mit allem Guten, was den Moment ausfüllt, aber auch mit allem Schweren und Schmerzlichen, das mich niederdrücken will. Das Innere Gebet ist eine wirklich anspruchsvolle Übung, kein selbstgeschaffenes Idyll. Ehrfurcht und Vertrauen müssen die Gelegenheit erhalten, zu wachsen und sich in den Wechselfällen des Lebens zu entwickeln.

## 4. Das freie Gebet

In dem Gebet, das sich mit Worten äußert, gehe ich einen Schritt weiter. Ich nehme nicht nur, wie im Inneren Gebet, die Beziehung zur Quelle des Lebens, zu Gott, auf, ich verlasse den Raum der Stille, in dem ich nur aufnehme und annehme, was kommt, werde selbst aktiv und beginne mich zu äußern (auch wenn es nur im Stillen geschieht). Damit trete ich selbst als Person hervor. Wir bemerkten schon, dass dies kein Gegensatz zur Praxis der Meditation ist. Auch im Gebet bleibe ich ein Mensch, der aus dem Empfangen lebt. So ist das Gebet im Wesentlichen Antwort, bleibt bezogen auf das, was zuvor von Gott her geschehen ist. Aber es ist meine Antwort. Deshalb kommt alles im Gebet vor, was mich als dieser bestimmte Mensch ausmacht und was mich bewegt.

Damit ändert sich die Atmosphäre der kontemplativen Übung. Sie öffnet sich für den Alltag und dafür, wie ich ihn gestalte, erlebe und erleide. Sicher, auch im Offenen Gewahrsein erscheinen alltägliche Phänomene. Es kommen Schmerzen in den Vordergrund, die mir meinen aktuellen körperlichen Zustand zeigen, Gedankenfetzen aus alltäglichen Gesprächen gehen mir durch den Kopf, Gefühle kommen, die meine Lebenssituation spiegeln. Aber es erscheint auch vieles andere: Erinnerungen, an die ich schon jahrelang nicht mehr gedacht habe. Ein Gefühl von Heiterkeit, das so gar nicht zu meinen gegenwärtigen Problemen passt. Ein Konglomerat von Regungen aus dem Nirgendwo. Ich habe es nicht in der Hand, was in der Übung des Offenen Gewahrseins geschehen wird. Es ist wirklich offen, überraschend, vielfältig - oftmals ganz anders als alles, was mich bewusst beschäftigt.

Im Gebetsleben ist das anders. Hier spreche ich, der ich aktiv und bewusst mein Leben gestalte. So ist das, was im Gebet erscheint, im Vergleich zum Offenen Gewahrsein einerseits enger und begrenzter – eben nur bezogen auf das, was ich tatsächlich denke und will. Anderseits ist es realistischer, denn es ist eng verbunden mit der Art und Weise, wie ich mein Leben führe. Die Themen meiner Lebensgestaltung und Lebenserfahrung kommen hier ausdrücklich vor. Sie sind die Themen meines Gebets.

Weil ich als diese bestimmte Person im Gebet aktiv werde, erscheint auch die Instanz, an die das Gebet sich richtet, spezifischer. Das Ich wendet sich ausdrücklich an ein Du – das Gebet ist eine Beziehung. Das Offene Gewahrsein geschieht in einer Haltung des Empfangens, in der der Geber aller Gaben nicht ausdrücklich hervortritt. Im Inneren Gebet erfahre ich die Gegenwart Gottes als ein Du. Im freien Gebet wird er bewusst angesprochen. Wer ist dieser „Er"? Diese Frage stellt sich hier.

Wir können auch hier keine andere Antwort geben als die, die wir im vorangegangenen Kapitel skizziert haben. Das Gebet ist die persönliche Antwort auf das, was wir in jedem Moment mit unserem Leben empfangen. So wende ich mich im Gebet an den Geber aller Gaben, den Ursprung, den Schöpfer des Lebens. Wenn ich ihn im Gebet als Du anspreche, dann kann ich das nur tun in dem Bewusstsein: Hier wende ich mich an die Macht, die mir schlechthin überlegen ist, von der ich nicht einmal einen zureichenden Begriff haben kann. Die Überlieferung hat das mit dem Begriff der „Majestät" ausgedrückt und gemeint: Von diesem Du gehe ein Glanz aus, der jeden Menschen verbrennen und vernichten müsste, wenn er ihm ungeschützt ausgesetzt würde. Man muss sich immer wieder klarmachen: Der Ausdruck „Gott" klingt für einen Christen zwar vertraut, ist aber doch nur ein rätselhafter Ausdruck für eine Wirklichkeit, die ich überhaupt nicht fassen und einordnen, die ich nicht konkret begreifen kann. Wie kann es da eine Beziehung geben? Das ist, wie schon angedeutet, nur möglich, weil von diesem Unbegreiflichen her die Beziehung schon besteht. In der Meditation erfahren wir, was der biblische Beter sagt: „Von allen Seiten umgibst du mich und hältst deine Hand über mir" (Psalm 139,5). Die Gaben Gottes, über die ich nicht verfügen kann, sind allgegenwärtig - wie ich schon im Atem erfahren kann.

Für die Praxis des Gebetes heißt das: Es kann sich nur in einer besonderen Haltung vollziehen. In ihr bin ich mir bewusst: Ich wende mich an das Du, von dem ich schlechthin abhängig bin. Deshalb geschieht das Gebet in einer Haltung der Ehrfurcht. Es ist kein distanzloses Gerede. Auf der anderen Seite aber gilt: Man sollte es nicht unterlassen. Denn es entspricht der Situation des Menschen. Ich empfange mein Leben und alles, was zu meinem Leben dazugehört. Das erkenne ich im Danken an. Darin entwickelt sich ein positives Lebensgefühl. Wenn ich für die Gaben des Lebens danke, erfahre ich, wie der Geber mir zugewandt ist. Aus dieser Erfahrung stammt die größte Aussage, die die biblische Tradition über Gott macht: „Gott ist Liebe" (1. Johannes 4,16). Im Menschen Jesus hat das Christentum diese Aussage verkörpert gesehen. Jesus war es auch, der gewagt hat zu sagen, dass diese alles übersteigende Kraft mit „Vater" angeredet werden darf. Wenn ich Gott so begreifen kann, ist das Gebet legitim und sinnvoll.

Weitere Dimensionen tun sich auf, wenn wir bedenken, dass wir nicht alles in der Hand haben. Ich erfahre mein Leben als unsicher und bedroht; ich erlebe auch Leid und Schmerz, im eigenen Leben wie bei anderen. Das alles kann ich in Bitte und Klage aussprechen.

So gibt es drei unterschiedliche Formen des freien Gebets: Dank, Bitte und Klage. Auf die Vergangenheit und die Gegenwart bezogen reagiert das Gebet auf das Erfreuliche (im Dank) und das Schmerzliche (in der Klage), in der Bitte wendet es sich der Zukunft zu.

Auch das freie Gebet knüpft an die Meditation an und führt wieder auf sie zurück. Das wird unmittelbar im ***Dankgebet*** deutlich, das besonders wichtig ist. Die Meditation ist ja eine Übung des reinen Empfangens: Ich nehme das wahr, ich nehme das an, was ohne mein Zutun kommt. Wenn ich etwas Gutes empfange, kann ich dafür dankbar sein. In der Meditation vollzieht sich dieser Dank implizit durch die Übung, ohne in selbständiger Weise zum Ausdruck zu kommen; er ist in der meditativen Praxis des Annehmens mitenthalten. Ausdrückliches Danken geschieht im Dankgebet. Hier reagiere ich in einer bewussten Aktion auf die Tatsache, dass ich in jedem

Moment mein Leben und alles, was mich erfüllt, empfange. Der zentrale Aspekt der Meditation wird also in diesem Gebet deutlich und von mir ausdrücklich anerkannt.

Ähnlich ist es mit dem ***Gebet der Klage***: Wenn ich etwas erhalte, was mir missfällt, wenn sich mir etwas zuschickt, das mir Schwierigkeiten macht, mich vielleicht sogar bedroht, dann ist Klage eine mögliche Reaktion. Üblicher sind allerdings im alltäglichen Leben Ablehnung und Anklage – zwei Haltungen, die sehr stark ich-betont sind. Ich bleibe darin bei mir und grenze mich ab. Anders in der Klage: Ich sage damit zwar, dass ich etwas lieber nicht hätte, aber es steckt auch ein Annehmen darin. Die Klage erkennt an, dass es da ist und faktisch mein Leben bestimmt. So nehme ich in der Klage das an, was ich bekommen habe, mache aber gleichzeitig deutlich, wie schwer das für mich ist. Im Gebet findet die Klage einen Adressaten.

Auch das ***Bittgebet*** reiht sich in diesen Kontext ein. Oft steht, ausgesprochen oder unausgesprochen, eine Klage im Hintergrund: Es fehlt mir etwas, von dem ich denke, dass ich es dringend brauche. Ich fühle mich vielleicht sogar bedroht, Ängste und Sorgen erfüllen mich – ich weiß nicht, wie es weitergehen wird. Was ich erstrebe und ersehne, tritt nicht ein oder es ist zweifelhaft, ob es zu einem guten Ende kommt. In dieser Lage wendet sich der Beter zu Gott. Ein typisches Beispiel aus den Psalmen: „Errette mich, mein Gott, von meinen Feinden und schütze mich vor meinen Widersachern. Errette mich von den Übeltätern und hilf mir von den Blutgierigen! Denn siehe, Herr, sie lauern mir auf, Starke rotten sich wider mich zusammen ohne meine Schuld und Missetat. Ich habe nichts verschuldet; sie aber laufen herzu und machen sich bereit. Erwache, komm herbei und sieh darein!" (Psalm 59,2–5).

Der Beter sieht sein Leben bedroht und bittet um Gottes Eingreifen. Damit ist nicht gesagt, dass er selbst jetzt gar nichts mehr tut, um sich zu schützen. Aber er weiß, er hat es nicht in der Hand. Das gilt generell für das Bittgebet: Wenn ich um etwas bitte, mache ich damit klar, dass ich die Verwirklichung dieses Wunsches nicht allein durch meine Aktion garantieren kann, sondern, auch wenn ich daran arbeite, Empfangender bleibe. Es ist also nicht selbstverständlich, dass sich meine Wünsche erfüllen. Die Wünsche werden relativiert, ich gewinne Abstand davon. So ist das Grundwort des Bittgebetes immer: „Dein Wille geschehe!"

Durch die Jahrhunderte hat es besonders am Bittgebet viel Kritik gegeben. Warum soll ich mich mit meinen Wünschen und Bedürfnissen überhaupt an Gott wenden? Er weiß doch ohnehin schon, was ich ihm sagen will, und er weiß auch, was ich brauche. Das bringt Jesus selbst zum Ausdruck, wenn er, unmittelbar bevor er den Wortlaut des Vaterunsers lehrt, feststellt: „Euer Vater weiß, was ihr bedürft, bevor ihr ihn bittet" (Matthäus 6,8). Oder hat man gar die Vorstellung, man könnte Gott durch intensives Bitten beeinflussen, als wäre er ein Mensch, dem man erst beibringen müsste, was unbedingt zu geschehen hat? Es ist doch eher so, dass unser Beten gar nicht selbstverständlich ist. Paulus schreibt: „Wir wissen nicht, was wir beten sollen, wie sich's gebührt" (Römer 8,26). Der junge Martin Luther hat in seiner Vorlesung über den Römerbrief 1515/16 diesen Vers besonders pointiert ausgelegt. Er weist darauf hin: Gott steht so sehr über uns, dass wir prinzipiell nicht wissen, um was wir ihn bitten können und sollen. Er lässt die Dinge nach seinem Ratschluss geschehen, zu dem wir keinen Zugang haben. Wird unsere Bitte erfüllt, können wir uns freuen; es entsteht aber leicht die Illusion, dass unser Wille geschieht, wir unser Leben, auch durch die Wirkung unseres Gebetes, in der Hand haben, also religiös aktiv gestalten können. Luther: „Wir sind aber nur dann empfänglich für seine (Gottes) Werke und für seine Pläne, wenn unsere Pläne zum Schweigen gekommen sind und unsere Werke ruhen und wir rein passiv werden im Verhältnis zu Gott, sowohl was unser inneres als auch was unser äußeres Handeln anbelangt" *(M. Luther: Vorlesung über den Römerbrief 1515/16, übers. von E. Ellwein, 3. Aufl. München 1935, S. 325).*

Daher ist es ein gutes Zeichen, wenn nicht eintrifft, um was wir bitten, sondern vielleicht sogar das Gegenteil. Dadurch werden wir befreit von der Verhaftung an unsere eigenen Wünsche. Werden wir ins Scheitern und ins Leiden geführt, kann das Konsequenzen haben, die für uns und andere sehr wichtig und letztlich heilsam sind. Das besagt eine Schlüsselgeschichte aus dem Leben Jesu: Am Tag vor seinem Kreuzestod zeichnete sich das, was ihm drohte, schon deutlich ab. Da ging Jesus in den Garten Gethsemane in Jerusalem und betete ganz intensiv, mit „Zittern und Zagen", also in höchster Angst, Gott möge ihn vor diesem Geschick bewahren – „doch nicht, was ich will, sondern was du willst!" (Markus 14,32–42). Die Bitte fand keine Erfüllung. Das Kreuz aber wurde zum zentralen Zeichen des Heils in der Christenheit.

Das Gebet in all seinen Formen bestätigt also, was die Übung der Meditation prägt: dass ich aus dem Empfangen lebe. Es überführt diese Erkenntnis in den Lebensbereich, der durch meine Handlungen bestimmt ist, in meinen Alltag, in dem ich ständig meine Projekte verfolge und versuche, meinen Willen zu verwirklichen. Im Alltag, der anders als die Meditation Spielwiese meines Ich ist (ich bin es, der das so und so beurteilt, ich möchte dies und das haben, erreichen, zustande bringen), erkennt das Gebet an, dass ich auch mit meinem Willen und meinen Ansichten aus dem Empfangen lebe. Deshalb kann man sagen: Das Gebet in diesem Sinne überführt die grundsätzliche Haltung der Meditation in die Konkretion des Alltags. Es ist keine Alternative zur Meditation, sondern lässt sie in meinem Leben wirken.

Die Gebetsbeziehung kann eine erneuernde und eine kritische Kraft für mein Leben haben, mein Denken und Urteilen verändern. Unmittelbar deutlich werden kann das im Umgang mit Sorgen. Ein Beispiel: Meine Partnerin ist nach Asien verreist, ganz allein, ohne Unterstützung einer Reisegruppe. Sie hält sich in einer Gegend auf, in der Kontakt über Smartphone oder Computer nicht oder kaum möglich ist. Deshalb habe ich schon längere Zeit nichts mehr von ihr gehört. Plötzlich überfällt mich die Sorge um sie. Ich höre nichts von ihr. Was könnte passiert sein? Vielleicht liegt sie irgendwo krank, hatte einen Unfall, ist entführt worden? Katastrophen-Gedanken kehren immer wieder und quälen mich, bilden eine Endlos-Schleife. Bringe ich das in die Gebetsbeziehung ein, wird es sich als Klage und als Bitte äußern. Ich bringe meine persönliche Sorge damit in den größten denkbaren Zusammenhang. Möglich, dass sie sich dadurch schon etwas relativiert: „All eure Sorge werft auf ihn, denn er sorgt für euch" (1. Petrus 5,7). Auf jeden Fall aber wird es möglich, die Sorge in eine Bitte um Segen zu transformieren: „Gott segne dich!" Oder in die Bitte um Schutz für die betreffende Person. Damit verlasse ich die quälenden negativen Gedanken und wende mich positiven Wünschen zu. Meine Situation wird auf diese Weise jedenfalls leichter.

Das, was ich wünsche und erstrebe, kann sich verändern, wenn ich es in eine Gebetsbitte fasse und mir dabei klarmache, dass ich diese Bitte an Gott richte, sie also aus dem Raum einer bloßen Sehnsucht oder eines Wunsches herausnehme und sie in diesen größten Zusammenhang stelle. Dadurch eröffnet sich die Möglichkeit, dass sehr stark ichbezogene Wünsche zurücktreten und sich meine Wünsche relativieren, auch durch den Blick auf die Nöte von Mitmensch und Welt.

Ein guter Schulungsweg ist die ***Fürbitte***, also das Gebet für andere Menschen. Ich wende mich damit ganz konkret einem anderen zu und bitte darum, es möge ihm gut gehen, er möge glücklich und gesund sein. In der Vipassana-Tradition begegnet uns diese Übung in Gestalt der Metta-Meditation. Fürbitte stärkt mein Mitgefühl, bewirkt eine positive und konstruktive Haltung gegenüber den Mitmenschen, der Welt und dem Leben im Ganzen. Wenn ich sie konsequent übe, werde ich immer wieder bemerken, wie sie mir für manche Menschen nicht leicht fällt, vielleicht sogar ganz unmöglich ist – ein Zeichen dafür, dass die Beziehung zu diesen Personen nicht in Ordnung ist, ich also daran arbeiten sollte. Bin ich engstirnig, neidisch, bin ich unfähig zu verzeihen? So ist die Fürbitte ein Indikator für ethische Probleme in meinem Leben, denen ich mich widmen muss. Dafür ist dann wieder die Praxis der Achtsamkeit, also unsere erste Übungsweise, das Mittel der Wahl.

Wir waren von der Beobachtung ausgegangen, dass auf Seiten des Beters das Ich mit seinen Regungen beim Beten beteiligt ist. Das muss aber nicht so bleiben. Nehme ich mir viel Zeit für das Gebet, kommt irgendwann der Moment, in dem der Eindruck entsteht: Alles ist gesagt. Ich sitze nur noch still vor Gott da. Das Gebet, das anfangs von mir ausgeht, von meinen Erfahrungen, meinen Bitten, meinem Danksagen, geht in Anbetung über, in das staunende, bewundernde Da-Sein vor dem Unbegreiflichen, in dem ich ganz zurücktrete. Das freie Gebet verwandelt sich in das Innere Gebet.

Das bringen auch die bekannten Worte Kierkegaards zum Ausdruck: „Und was widerfuhr ihm [= dem Beter] dann, wenn anders er wirklich innerlich betete? Etwas Wunderliches widerfuhr ihm; allmählich, wie er innerlicher und innerlicher wurde im Gebet, hatte er weniger und weniger zu sagen, und zuletzt verstummte er ganz. Er ward stumm, ja, was dem Reden vielleicht noch mehr entgegengesetzt ist als das Schweigen, er ward ein Hörender. Er hatte gemeint, beten sei reden; er lernte: Beten ist nicht bloß schweigen, sondern ist hören. Und so ist es denn auch; beten heißt nicht, sich selber reden zu hören, sondern heißt dahin kommen, dass man schweigt, und im Schweigen verharren, und harren, bis der Betende Gott hört" *(S. Kierkegaard: Kleine Schriften 1848/49, Düsseldorf/Köln 1960, S. 37f).*

So wird das freie Gebet zu der meditativen Praxis des Inneren Gebets: Ich sitze still da, richte mich aus auf Gottes Gegenwart, in Ehrfurcht und Vertrauen. Wieder zeigt sich: Es wäre unsinnig, Meditation und Gebet gegeneinander auszuspielen – sie unterstützen sich vielmehr gegenseitig.

## 5. Das gebundene Gebet

Neben dem freien Gebet gibt es in den religiösen Traditionen klassische vorformulierte Gebete, die man für sich und auch mit anderen im privaten Leben oder bei religiösen Feierlichkeiten nachsprechen kann und soll. Diese Gebete führen in die Haltung von Andacht, Verehrung des Göttlichen und Hingabe ein, und sie konfrontieren mich mit zentralen Themen des Lebens, die mir auf diese Weise in meinem Alltag gegenwärtig bleiben, nicht vergessen oder gar verdrängt werden.

In der christlichen Tradition gehört dazu vor allem das Vaterunser, das Jesus seine Jünger gelehrt hat und das bis heute von den Christen in dem Wortlaut gebetet wird, der in der Bergpredigt bei Matthäus 6,9–13 überliefert ist:

Vater unser im Himmel!
Geheiligt werde dein Name.
Dein Reich komme.
Dein Wille geschehe wie im Himmel, so auf Erden.
Unser tägliches Brot gib uns heute.
Und vergib uns unsere Schuld,
wie auch wir vergeben unsern Schuldigern.
Und führe uns nicht in Versuchung,
sondern erlöse uns von dem Bösen.

Denn dein ist das Reich und die Kraft
und die Herrlichkeit in Ewigkeit. Amen.

Dieses Gebet kann uns zeigen, worum es im religiösen Leben geht. Deshalb kurz einige Bemerkungen zu seinem Inhalt. Es besteht aus der Anrede, sechs Bitten (drei Du-Bitten und drei Wir-Bitten) und einem (in späteren griechischen Textzeugen angefügten) Lobpreis Gottes.

In der Anrede wird Gott als Vater angesprochen. Das findet sich schon im Alten Testament und ist auch für Jesus sehr charakteristisch. Damit betont er Gottes Nähe und sein Zutrauen zu ihm. Als Vater „im Himmel" bleibt er gleichwohl der unserem Zugriff entzogene, der unbegreifliche Gott, aber wenn wir zu ihm beten, dürfen und sollen wir das vertrauensvoll tun. Vertrauen ist die Grundhaltung dieses Gebetes, des Betens, ja des Meditierens überhaupt. Wenn wir damit beginnen, sollten wir uns darauf besinnen.

Nennen wir Gott „Vater", dann sind wir davon überzeugt: Die Kraft, die uns bestimmt, die unser Leben lenkt und letztlich in der Hand hat, will uns wohl und tritt für uns ein; es ist die Macht des Guten. In den ersten drei Bitten geht es darum, dass diese alles bestimmende Kraft erscheint und sich durchsetzt.

Als Erstes erbittet der Beter, Gott möge seinen Namen heiligen. Dieser Name wird immer wieder in den Schmutz gezogen, wenn im Namen der Wahrheit egoistische, bösartige Programme propagiert werden. In Gottes Namen wurde und wird Gewalt gerechtfertigt. Dieser Name wird missbraucht, wenn er das Streben nach Reichtum und Ansehen legitimieren soll. Er wird verwechselt mit den Zielen menschlicher Ideologien. Wir alle sind immer in der Gefahr, diesen Namen zu verkennen, zu verfehlen, ihn für eigene Zwecke und Ansichten einzusetzen. Daher muss Gott selbst seinen Namen heiligen.

Die zweite Bitte ist das Zentrum der Du-Bitten. In unserer Welt steht Gutes neben Bösem, Hass neben Liebe, Lebensfeindliches neben Lebensförderndem – oft geht beides ineinander und durcheinander. Der Beter erbittet, dass Gott sich endlich spürbar durchsetzt, seine Herrschaft errichtet. Jesus war davon überzeugt: Gottes Reich ist nahe herbeigekommen, aber noch verborgen, oft auch versteckt unter seinem Gegenteil. Nun soll es endlich alle Widerstände überwinden.

Darauf bezieht sich auch die dritte Bitte. Es geschieht auf Erden so vieles, was Gottes Willen, was dem Leben widerspricht: Krieg, Gewalt, Ausbeutung, Ungerechtigkeit – so vieles, was zur Verzweiflung treibt. Dagegen sollte Gottes Wille zum Guten, zum Leben endlich deutlich die Geschichte und das Leben bestimmen. Diese Bitte hat noch eine weitere Nuance: Der Beter ist ja davon überzeugt, dass Gottes Wille ohnehin geschieht. Deshalb gehört diese Bitte im Grunde an das Ende eines jeden Bittgebetes, das wir selbst formulieren, denn was wir erbitten, ist immer subjektiv, oft wenig weise, manchmal gar auf Abwege führend. Jesus selber hat diese Bitte, wie schon beschrieben, gebetet, als er kurz vor seiner Gefangennahme, die ihn zum Kreuzestod führte, im Garten Gethsemane Gott bat, ihm dieses Geschick zu ersparen: „Doch nicht wie ich will, sondern wie du willst" (Matthäus 26,39). „Dein Wille geschehe!" ist, wenn wir die Bitte ernst nehmen, Zeugnis grenzenlosen Vertrauens. Auch wenn ich es im Moment vielleicht nicht begreifen kann, nehme ich das, was geschieht, aus Gottes Hand an – er wird es zu einem guten Ende führen.

In den folgenden drei Wir-Bitten werden die existenziellen Nöte des Beters angesprochen.

In der Bitte um das tägliche Brot ist all das mitgemeint, was ich zum Leben brauche. Ich soll mir darum keine unnötigen Sorgen machen, mein Leben nicht damit verdüstern, aber ich muss mich schon darum kümmern. Jedoch hängt es nicht allein von mir ab, ob ich damit Erfolg habe. Krieg, Naturkatastrophen, ökonomisches Desaster können schnell eine Situation schaffen, in der ich meine Bedürfnisse nicht mehr befriedigen kann. Mit dieser Bitte erkenne ich an: Es ist nicht selbstverständlich. Habe ich das Lebensnotwendige zur Verfügung, verdanke ich es nicht nur den vielen, die dafür arbeiten, sondern auch Gott als dem Ursprung des Lebens.

Dann die Bitte um Vergebung. Wir werden noch besprechen, wie unvermeidlich es für uns ist, dass wir schuldig werden, sobald wir handeln. Das gilt für einzelne Taten, die der Situation oder dem Mitmenschen nicht gerecht werden, es gilt aber auch grundsätzlich, weil wir im Handeln als Ich erscheinen, uns mehr oder weniger isolieren und damit zumindest teilweise aus dem Zusammenhang des Lebens herausfallen. Das ist das Wesen von Schuld und zugleich ihre Konsequenz: Kontakt, der lebensnotwendig ist, ist abgeschnitten. Schuld trennt mich von denen, an denen ich schuldig geworden bin, und vom Leben selbst. Deshalb die Bitte um Vergebung. Sie kann aber nur wirken, wenn ich selbst vergebe. So ist diese Bitte unlöslich mit meiner Tat verbunden. Die Bitte um Vergebung ohne meine Bereitschaft zum Vergeben führt mich nur in neue Schuld, in neue Trennung hinein, in die Isolation.

Schließlich die sechste Bitte: Mögen wir von Versuchungen bewahrt bleiben, die wir nicht zu bestehen vermögen. Das Sprichwort hat einfach recht: „Gelegenheit macht Diebe" – und noch Schlimmeres, möchte man hinzufügen. Nur ein Meister in Sturheit und Starrheit bleibt in jeder denkbaren Situation unangefochten. Deshalb ist es eine Gnade, wenn man vor allzu schweren Prüfungen bewahrt bleibt. In all dem wirkt der Böse (oder das Böse); deshalb gehört die Bitte um Erlösung vom Bösen mit dazu. Destruktive Kräfte sind immer wieder in jedem Menschen wirksam. Manchmal kann ich ihrer Herr werden und sie aus meinem Sinn vertreiben, manchmal aber auch nicht. Das Böse ist eine übermenschliche Kraft, als Drohung und Gefahr immer präsent. Erlösung davon wird es nur im Reich Gottes geben, wenn sein Wille geschieht. So kehrt die sechste Bitte schließlich zum ersten Teil des Gebetes zurück.

Mit dem Lobpreis, mit dem das Gebet schließt, versichert sich der Beter, dass der Gott, den er anspricht, auch die Macht hat, alle Bitten zu erfüllen.

Das Vaterunser ist ein reines Bittgebet, wenn auch, vor allem in der vierten Bitte, der um das tägliche Brot, das Danken impliziert ist. Im Grunde sind alle denkbaren Bitten darin eingeschlossen; wenn einem gerade spezielle Anliegen wichtig sind, so können sie dann im persönlichen Gebet nachgetragen werden. Als Bittgebet macht das Vaterunser klar: Der Mensch ist ein bedürftiges Wesen. Entscheidendes kann er aus sich heraus nicht erreichen. Da wird einfach über ihn bestimmt. In der Bitte erkenne ich das an und praktiziere Vertrauen.

* * *

Die fünf genannten Übungsweisen können und sollen mein Leben begleiten und durchdringen, gerade in ihrer Verschiedenheit. Je nach meinen Lebensumständen wird mal die eine, dann die andere in den Vordergrund treten. In den ersten drei Übungen tritt das Ich zurück; deshalb erfordern sie eine vom Alltag abgetrennte Zeit des partiellen Rückzugs. In den beiden letzten Übungen wird das Ich in das kontemplative Leben einbezogen. Besonders das freie Gebet öffnet die Übung für den Alltag und bringt mein tägliches und aktives Leben in die Übung hinein. All das ist wichtig. Deshalb ist es, wie schon öfter deutlich wurde, unsinnig, die Übungsweisen gegeneinander auszuspielen.

# 8
# Drei Faktoren für ein kontemplatives Leben

Ein kontemplatives Leben zu praktizieren ist ein herausforderndes Unternehmen. Es passt nicht zum herrschenden Zeitgeist. Dieser setzt auf aktive Gestaltung des eigenen Lebens und der Welt. Stille und Beschaulichkeit werden dabei zu Ressourcen, zu Hilfsmitteln für die Aktion. In unserem Projekt sind sie dagegen die Hauptsache; Aktion geht erst in einem zweiten Schritt daraus hervor.

Wenn ich Meditation und Gebet ins Zentrum rücke, widerspreche ich dem selbstverständlichen Lebensstil und den Präferenzen der meisten Menschen – auch derer, mit denen ich alltäglich zu tun habe. Meist widerspreche ich auch der Art und Weise, wie ich bisher gelebt habe und wie ich erzogen worden bin. Daher ist es wichtig, für das Projekt eines kontemplativen Lebens persönliche Haltungen bzw. Kräfte zu finden und auszubilden, die mich dabei unterstützen. Wir machen hier drei hauptsächliche Faktoren namhaft, die für ein kontemplatives Leben hilfreich sind: Vertrauen, Interesse und Ehrfurcht. Alle drei wurden in unserem Text schon hin und wieder erwähnt. Nun rücken sie ins Zentrum. Wir wollen zeigen, was mit ihnen gemeint ist und wie eine Reihe anderer Kräfte und Tugenden mit ihnen zusammenhängen.

In welchem Verhältnis stehen diese Faktoren zueinander? Sie sind auf verschiedenen Ebenen angesiedelt:

Vertrauen ist eine Grundvoraussetzung des Lebens. Ohne Vertrauen könnte ich überhaupt nicht tätig werden. Deshalb ist es auch keine Tugend, es ist nicht direkt mit Aktion verbunden, sondern deren Basis. In sich selbst ist Vertrauen kontemplativ. In dieser Haltung lasse ich mich beschenken. Deshalb ist sie verwandt mit Dankbarkeit. Wenn es stimmt, dass Vertrauen die Voraussetzung für Aktion ist, dann ist das ein Hinweis darauf, dass Kontemplation der Aktion vorausgeht.

Interesse dagegen ist eine aktive Haltung: Ich lasse die Welt, das Leben nicht lediglich auf mich zukommen, öffne mich nicht nur für das, was mir begegnet, sondern ich wende mich dem zu. Schon das ist eine Aktion. Das Interesse fragt: Was ist es eigentlich, das mir hier begegnet? Es will etwas wissen. In ihm zeigt sich ein Forschergeist. Dieser Impuls treibt die Achtsamkeitsmeditation an, ist also mit der ersten von uns geschilderten Übungsweise verbunden. Demgegenüber gehört Vertrauen eher zur Übung des Offenen Gewahrseins. So sind sie unterschiedlich, aber je auf ihre Weise wichtig für das kontemplative Leben.

Das gilt auch für die Ehrfurcht. Sie ist die entscheidende Haltung beim Meditieren und Beten. Ohne Ehrfurcht wird die spirituelle Praxis mechanisch oder gleitet gar total ab. Dass Meditation zu einem Wellness-Unternehmen werden kann, ist erst möglich, wenn die Haltung der Ehrfurcht verloren gegangen ist. Anders als Interesse und Vertrauen ist Ehrfurcht jedoch nicht überlebenswichtig. Alltägliches Leben funktioniert auch ohne diese Haltung. Sie gehört nicht zur natürlichen Grundausstattung des Menschen, sondern bildet sich erst – ursprünglich im Kontakt mit Religion, dann auch generell im sozialen Leben. Deshalb kann sie auch verloren gehen, wenn Religion unverständlich wird – das beobachten wir in unserer Gesellschaft.

Ein Sachverhalt ist hier bezeichnend: Die drei Faktoren sind einerseits die Voraussetzung dafür, dass ich überhaupt die Praxis von Meditation und Gebet aufnehme – andererseits bilden sie sich aber auch erst in dieser Praxis wahrhaft aus. Es scheint ein Widerspruch, dass ich erst meditieren muss, um die Fähigkeit dazu zu bekommen. Doch tatsächlich geht es um einen Wachstumsprozess. Und es ist ein Zeichen dafür, wie elementar Vertrauen und Interesse zu einem erfüllten Menschsein gehören. Deutlicher gesagt: Es sind geistige Potenzen, die mir das Leben und den Kontakt mit den Mitmenschen und der Welt erst ermöglichen. Deshalb sind sie an jedem Lebensakt beteiligt. Die Ehrfurcht dagegen lässt mein Verhältnis zum mich umgebenden Leben wahrhaftig werden. Wenn diese drei Faktoren für das meditativ-kontemplative Leben besonders gefragt sind und sich in ihm spezifisch ausbilden, könnte das darauf hinweisen, dass diese kontemplative Lebensweise für uns Menschen grundlegend wichtig ist.

## 1. Vertrauen

Vertrauen ist fundamental, es ist eine Grundvoraussetzung des Lebens. Wie kommt es zustande, wie kann es sich entwickeln? Es ist bereits im Menschsein angelegt. Im Embryonalzustand „arbeitet" es noch nicht, da geschieht die Entwicklung zum fertigen Menschlein, an dem „alles dran" ist, ganz automatisch. Dadurch „erlebt" der Mensch – eben noch unbewusst – dass er getragen ist und dass er alles Lebensnotwendige bekommt ohne eigenes Aktivsein. Das ist die „Ursubstanz" des Vertrauens. Erst nach der Geburt entwickelt sich dieses angelegte Vertrauen. Es bildet sich aus durch den verlässlichen Umgang der Bezugsperson, etwa der Mutter, mit dem Kind.

Daran zeigt sich, dass Vertrauen keine Tugend und auch nicht in erster Linie mit Aktion verbunden, sondern die Basis ist. Deshalb kann man allgemein sagen: Vertrauen ist das Grundwort des Lebens. Niklas Luhmann beginnt sein Buch zu diesem Thema mit den Sätzen: „Vertrauen [...] ist ein elementarer Tatbestand des sozialen Lebens. Der Mensch hat zwar in vielen Situationen die Wahl, ob er in bestimmten Hinsichten Vertrauen schenken will oder nicht. Ohne jegliches Vertrauen aber könnte er morgens sein Bett nicht verlassen. Unbestimmte Angst, lähmendes Entsetzen befielen ihn [...]. Alles wäre möglich" *(Vertrauen, 4. Aufl. 2000, S. 1)*. Vertrauen ist also eine menschliche Grundhaltung und somit die Voraussetzung für jede Aktion.

So weit, so gut. Doch was passiert, wenn sich diese „Urkraft" Vertrauen in der frühkindlichen Entwicklung nicht entfalten konnte, weil eine stabile Zuwendung der Bezugsperson fehlte?

Ein Kind, das immer allein gelassen und nicht gut versorgt wird, lernt kein Vertrauen. Es hat zwar die Anlage dazu, aber diese liegt brach. Bedeutet das nun: Dieser Mensch wird niemals Vertrauen in sein Leben entwickeln und spüren können, nie diesen Halt erleben können - oder kann man Vertrauen *lernen,* in diesem Fall „nachlernen"? Ja ist es nicht so, dass in *jedem* menschlichen Leben während der Individuation immer wieder Vertrauen „neu" gelernt werden muss?

Wie kann man sich dieses Lernen von Vertrauen vorstellen?

Es kann hilfreich sein, sich die Zusammenhänge in einem Gleichnis vor Augen zu führen. Man könnte einen Menschen, der bestrebt ist, in seinem Leben mit allem, was ihm widerfährt, zurechtzukommen, mit jemandem vergleichen, der in einem Fluss nicht untergehen möchte und schwimmen lernt. Wie macht er das? Er wird zunächst vorsichtig ins Wasser steigen und dieses neue Element mit Interesse erforschen, immer im Blick darauf, dass er sich darin einmal meisterhaft wird fortbewegen können, wie das ja auch die Fische tun. Meist wird er dann feststellen, dass er den Kontakt der Füße zum Boden nur für ganz kurze Zeit aufgeben kann. Damit experimentiert er. Ganz langsam wird er ein Gefühl für dieses Element bekommen und dabei auch eine Art „Getragensein" spüren. Noch nicht zufrieden damit, schaut er nun um sich nach Leuten, die sich besser als er im Wasser bewegen können, weil sie schon schwimmen können. Er schaut sich ihre Bewegungen an, imitiert sie, nimmt möglicherweise Unterricht und probiert immer mehr, ob das Wasser ihn trägt. Mit der Zeit lernt er tatsächlich, die Füße vom Boden zu lösen und sich vertrauensvoll dem Wasser zu überlassen. Nun hat er schwimmen gelernt und damit das grundsätzliche Vertrauen, dass das Wasser ihn trägt - sogar, ohne dass er irgendetwas tun muss (wenn er auf dem Rücken liegend „toter Mann" macht).

Ähnlich lernt der Mensch, sich gehend dem Element „Erde" anzuvertrauen. Man stelle sich ein kleines Kind vor, das gerade laufen lernt: Wie oft fällt es auf seinen dicken Windelpo und steht dann unverdrossen wieder auf, manchmal auch ärgerlich, und probiert es von Neuem.

Durch stetiges Experimentieren mit den entsprechenden Handlungen lernt ein Mensch stehen, gehen, springen, laufen usw. Jede Bewegung, die ich mache, wird ermöglicht durch den Kontakt zur Erde. Und dabei entsteht Vertrauen darauf, dass die Erde bzw. beim Schwimmen das Wasser mich trägt.

So kann ich auch lernen, dass das Leben mich trägt.

Wie aber kann das geschehen?

So wie ich mich beim Schwimmenlernen mit Interesse dem Element Wasser zugewandt und damit experimentiert habe, so wende ich mich nun dem Leben zu – wie wir das in der Achtsamkeitsmeditation üben. Dabei mache ich die Erfahrung, dass mir zwei Voraussetzungen des Lebens geschenkt sind: die Erde, auf der ich sicher stehen, gehen, liegen kann, und der Ozean von Luft, der mich von allen Seiten umgibt und mir Leben ermöglicht. Je deutlicher ich das sehe und erfahre, desto mehr wird Vertrauen in das Leben wachsen. So kann man die Meditation als einen Prozess der Vertrauensschulung verstehen. Und dabei gilt: Vertrauensschulung ist Lebensschulung!

„Vertrauen ist gut, Kontrolle ist besser“ ist ein bekannter Spruch, der Lenin zugeschrieben wird. Beides, Vertrauen und Kontrolle, schließt sich nicht gegenseitig aus. Was „besser“ ist, lassen wir hier noch offen. Aber in der Gegenüberstellung lässt sich leicht erkennen, was Vertrauen ausmacht:

Kontrolle ist wesentlich *meine* Aktion. Ich überprüfe, ob etwas, das behauptet wird, tatsächlich zutrifft. Zum Beispiel bei der Qualitätskontrolle in der Fabrik: Erfüllt das Werkstück, das auf dem Prüfstand steht, wirklich die Anforderungen, die für die Produktion festgelegt sind? Oder, um eine Institution zu erwähnen, in der Kontrolle eine zentrale Rolle spielt, die Schule: Wissen die Schülerinnen und Schüler tatsächlich, was sie gelernt haben sollten? Das müssen sie mündlich oder in Klausuren zeigen. – Wenn ich kontrolliere, gewinne ich Sicherheit: So ist es wirklich; darauf kann ich mich verlassen, weil ich es überprüft habe.

Wenn dagegen Vertrauen gefragt ist, habe ich nichts zu tun. Ich gebe das Heft aus der Hand, kann einfach nur die Hände in den Schoß legen und da sein. Im Zustand des Vertrauens bin ich davon überzeugt: Alles ist in Ordnung. Deshalb muss ich nichts machen. In all dem entspricht Vertrauen der Meditation und dem Gebet.

In vielen Bereichen des Lebens ist ausschließlich Vertrauen gefragt. Unmittelbar deutlich wird das in menschlichen Beziehungen. Will ich mich mit jemand anderem im Leben zusammentun, geht das nur mit Vertrauen. Das zeigt uns schon die Sprache. Die Ehe, die tendenziell lebenslange Verbindung mit einem anderen Menschen, wird in der „Trauung" geschlossen: Wir lassen uns trauen. Ich vertraue mich damit einem anderen Menschen an, und er oder sie sich mir. Sicher gibt es Gründe dafür. Eine gemeinsame Geschichte hat uns zu diesem Schritt gebracht. Kontrolle ist dabei nicht möglich und auch gar nicht angebracht. Man kann sich zwar „für alle Fälle" in einem Ehevertrag absichern, aber auch diese Möglichkeit zeigt nur: Ich kann das Geschehen nicht kontrollieren, mich höchstens für einige Folgen wappnen, falls das gegenwärtige Vertrauen enttäuscht werden sollte. Vertrauen bleibt die Basis, ich habe das Gelingen nicht in der Hand. Die Ehe ist und bleibt ein Wagnis. Das Einzige, was ich selbst tun kann, ist, den Vorsatz fassen, selbst vertrauenswürdig zu sein und zu bleiben und entsprechend zu leben.

Vertrauen ist nicht nur in privaten Beziehungen notwendig; auch das gesellschaftliche Leben beruht darauf. Bei Wahlen werben die Parteien darum, dass die Wähler ihnen Vertrauen schenken. Banken handeln, so hat man gesagt, mit Vertrauen. Der Geld-Verkehr basiert auf Vertrauen, denn die Banknote ist nicht mehr als ein Versprechen. Das können wir auf jedem Geldschein in Pfund Sterling lesen: „I promise to pay the bearer on demand the sum of ... Pound", versichert der Kassierer der *Bank of England*, und hinter ihm steht die Königin. Was geschieht, wenn das Vertrauen in das Geld sich auflöst, konnte man während der Inflation 1923 in Deutschland erleben: Alles brach zusammen.

Wir fassen immer wieder Vertrauen zu bestimmten Menschen und Zusammenhängen. Darunter liegt, wenn der Mensch sich gut entwickelt hat, ein allgemeines Vertrauen in das Leben. Das schließt eine kontrollierende Aktion des Menschen nicht aus, aber sie steht an zweiter Stelle. Wenn ich überhaupt leben will, muss ich zuerst vertrauen. Dann erst kann und muss ich gegebenenfalls prüfen, ob mein Vertrauen gerechtfertigt ist oder ob es enttäuscht wird und ich vielleicht zu vertrauensselig gewesen bin. So hat Kontrolle nur ein relatives, ein abgeleitetes Recht. Sie setzt einen Vorschuss an Vertrauen voraus.

Vertrauen ist und bleibt ein Wagnis. Es besteht immer die Möglichkeit, enttäuscht zu werden. Ich kann nie sicher sein, wie der Mitmensch, wie die Gesellschaft, wie ich selbst mich entwickeln werde. Aber ich muss schon jetzt leben und handeln, in die Zukunft hinein. Deshalb bleibt mir gar nichts anderes übrig, als dieses Wagnis einzugehen, wenn ich nicht am Leben verzweifeln will. Ich muss Vertrauen wagen. Und je wichtiger für mich die Entscheidungen sind, die ich treffe, desto gravierender wird das Wagnis: Vertraue ich mich etwa einem Menschen an, lasse ich große Nähe zu, dann kann das die Tür zu den schönsten Erfahrungen und Erlebnissen öffnen – ich gehe aber auch das Risiko ein, im Innersten verletzt zu werden. Dann kann Misstrauen mich überwältigen und mein Leben verdüstern.

Weil Vertrauen riskant ist, erfordert es Mut. Und zugleich gilt: Wenn ich gelernt habe, vertrauensvoll zu leben, kann ich größere Wagnisse eingehen, kann der Mut wachsen. Ist das Vertrauen in das Leben klein, werde ich dazu neigen, bei dem Vertrauten und Bewährten zu bleiben und möglichst keine Schritte über das Gewohnte hinaus zu gehen, sondern sofort kritisch zu sondieren, wenn Neues und Ungewohntes geschieht. Wenn ich dagegen gelernt habe, vertrauensvoll zu leben, dann kann ich mit Vertrauen auch ins Dunkle, ins Unbekannte gehen, mit dem Leben experimentieren, mich dem Unvertrauten aussetzen und Situationen aushalten, die ich im Moment nicht steuern kann – wie zum Beispiel in der Corona-Pandemie.

Dabei wird deutlich, dass zu Vertrauen nicht nur Mut gehört, sondern ebenso Geduld. Wenn gerade alles in Ordnung ist, wenn ich alles im Griff habe, brauche ich nicht zu vertrauen. Das ist erst wieder gefragt, wenn sich eine Lücke auftut zwischen jetzt und dann, eine Lücke, in die Zweifel, Misstrauen, Ungeduld und Angst eindringen können. Jetzt bin ich zwar gesund – doch wie wird das mit der Corona-Pandemie weitergehen? Jetzt komme ich finanziell über die Runden – aber was wird bei einem Banken-Crash geschehen? Vertrauen richtet sich auf die nahe und die ferne Zukunft. Vertrauen füllt die Lücke zwischen dem, was jetzt vor Augen steht, und dem Ungewissen, das kommt. Darin wird es unterstützt von Geduld. Geduld lässt abwarten und hat damit Vertrauen als Hintergrund. Wenn ich geduldig bin, bin ich überzeugt davon, dass sich etwas gut entwickeln wird. Deshalb muss ich nicht gleich tätig werden, sondern kann die Dinge erst einmal sich selbst überlassen. Ungeduld drängt mich zu eigener Aktion und stellt so mein Ich in den Vordergrund, das möglichst jetzt, in diesem Moment alles regeln sollte und sich, ist das nicht möglich, in innerer Hektik verzehrt. Ungeduld verengt mich, lässt mich die Zusammenhänge, in die alles eingebettet ist, nicht mehr sehen. Geduld dagegen macht mich weit, eröffnet mir einen Blick auf das, was außer mir da ist und geschieht – und gibt dem dann auch die Chance, selbst zu wirken. Dann kann etwas geschehen, was das Vertrauen stärkt. So macht Vertrauen Geduld möglich und Geduld lässt Vertrauen wachsen – eine ähnliche Beziehung wie die zwischen Vertrauen und Mut.

Wenn also Vertrauen eine solche Grundhaltung ist, dann kann man erwarten, dass diese Haltung auch im religiösen Leben eine grundlegende Rolle spielt. Und das ist tatsächlich der Fall.

Normalerweise wird der Glaube als zentral in der Religion angesehen. Im griechischen Original des Neuen Testaments steht für „Glaube" das Wort *pistis*. Dessen Grundbedeutung aber ist „Vertrauen" – und das ist es, was „Glaube" in diesem Kontext grundsätzlich bedeutet. So wird zum Beispiel berichtet (Matthäus 9,2), dass die Leute einen Gelähmten in seinem Bett zu Jesus brachten: „Als nun Jesus ihren Glauben sah, sprach er zu dem Gelähmten: Sei getrost, mein Kind, deine Sünden sind dir vergeben." Hier ist Glaube eindeutig das feste Vertrauen der Menschen zu Jesus, dass er den Gelähmten heilen kann. Glauben meint also nicht die Zustimmung zu einem System religiöser Überzeugungen, sondern drückt eine personale Beziehung zu Jesus oder zu Gott aus, eine Beziehung des Vertrauens! Was für das Leben überhaupt grundlegend ist – Vertrauen –, das wird in der religiösen Lebensweise also ausdrücklich hervorgehoben.

Im alltäglichen Leben zeigt sich Vertrauen in einer ganzen Fülle von Verhaltensweisen, wird aber meist nicht als etwas Besonderes wahrgenommen, sondern für selbstverständlich gehalten – zum Beispiel, wenn ich morgens aus dem Bett aufstehe und darauf vertraue, dass die Erde mich trägt. In der Religion wird dieses Vertrauen, der Glaube, selbst zum Thema: Er kann und muss erkannt und geübt werden. In der Stille von Gebet und Meditation tritt er deutlich hervor. Vertrauen und die damit verbundenen Tugenden von Mut und Geduld sind da immer wieder gefragt und können in diesem geschützten Rahmen geübt werden.

Besonders in der Meditation wird das deutlich, denn ich sitze nur da und nehme an, was kommt, verzichte also auf jede Kontrolle, treffe keine Auswahl zwischen all dem Angenehmen und Unangenehmen, was das Leben bereithält. Was immer kommt, ist da und darf dableiben. Das ist eine Herausforderung, denn normalerweise halte ich das Angenehme fest und versuche, das Unangenehme zu vermeiden oder wegzuschieben. Wenn ich diese Wahl nicht mehr treffe, sondern alles da sein darf, bekommt das Unangenehme seinen Auftritt!

Besonders schwierig wird das, wenn in der Meditation Schmerzen kommen und längere Zeit (manchmal sogar jahrelang) bleiben. Das ist in intensiver Meditation gar nicht so selten. Denn in meiner Lebensgeschichte bin ich oft Bedrohlichem ausgesetzt gewesen und habe mich davor zu schützen gesucht, indem ich mich innerlich gepanzert habe. In der Regel war damit eine muskuläre Anspannung verbunden. Wenn das immer wieder passiert, wandert diese Spannung immer weiter in das Innere des Körpers. In der reizarmen Umgebung der Meditation findet die Spannung zurück an die Oberfläche und wirkt sich hier mit teilweise heftigen Schmerzen aus. Man erkennt diese „meditationsspezifischen Schmerzen" daran, dass sie, so intensiv sie auch gewesen sein mögen, kurz nach dem Ende des Meditierens spurlos verschwunden sind. Sie sind kein Signal für eine verborgene Krankheit, sondern zeigen an, dass innere Spannungen sich auszuleben und zu lösen beginnen. An sich ein positiver Vorgang, im Erleben aber extrem schwierig! Immer wieder meine ich, es nicht aushalten zu können, und ertappe mich dabei, Strategien zu entwickeln, um das Unerträgliche zum Verschwinden zu bringen. Dabei wird mir klar: Mit diesen Strategien lehne ich das, was gerade geschieht, ab, und diese Ablehnung produziert ihrerseits Spannungen, die noch verstärken, was mich gerade quält. Vielleicht nehme ich mir vor, die Situation bewusst und ganz entspannt anzunehmen – wenn mir das bis zum Ende der Meditation gelingt, dann sollen die Schmerzen aber auch „mir zum Lohn" vergehen. Auf diese Weise nehme ich sie aber nur an, um sie zu beseitigen. Indem ich sie vermeintlich annehme, lehne ich sie doch ab. Kein Wunder, dass mein Deal nicht funktioniert. Was gefragt ist, ist eben kein zweckorientiertes Verhalten, sondern Vertrauen: Das, was geschieht, ist in Ordnung, auch wenn ich dabei an meine Grenzen geführt werde. Das braucht Geduld: Ich harre aus und schaue, was sich tut, wenn ich nichts tue. Darin habe ich auch ein großes Übungsfeld für Mut. Denn ich muss stets aufs Neue dem, was mich bedroht und mir den Frieden rauben will, ins Auge schauen, ohne innerlich wegzulaufen.

Ein weiteres klassisches Übungsfeld für Vertrauen und die mit ihm verbundenen Tugenden Mut und Geduld sind die seelischen Schmerzen, mit denen der Übende in der Stille der Meditation konfrontiert wird. In der Meditation bemühen wir uns um Offenheit, die alles annimmt, was kommt. Der kritische, auswählende und damit das Fragwürdige und Unbequeme ausschließende Geist tritt zurück. Deshalb können die finsteren Seiten meiner Persönlichkeit, die sonst immer abgewehrt wurden, sich unverhüllt zeigen – eine oft sehr schockierende Erfahrung. Statt inneren Frieden zu erlangen, muss ich mit den „Dämonen" kämpfen, die mich attackieren. Sollte das in meiner Meditationspraxis vorkommen, kann ich wissen: Das ist nicht nur mein Problem. Ziehen wir nur die Geschichte des christlichen Mönchtums heran, wird deutlich: Schon die ersten Christen, die sich in die Einsamkeit der Wüste zurückzogen, die sogenannten „Wüstenväter", berichten immer wieder vom Dämonenkampf, der sich sehr unterschiedlich gestalten kann.

Eine schier übermächtige Kraft, der ich (und viele Menschen vor mir!) begegne, kann zum Beispiel die sexuelle Begierde sein. Sie zeigt sich in einer bunten Bilderwelt und in obsessiven Gedankenfolgen, die sich immer wiederholen und meinen Geist besetzt halten. Anfangs mag das noch unterhaltsam sein, aber durch die ständige Wiederholung wird es bald zur Qual. Hierher gehört auch die sogenannte „Vipassana-Romanze“: Ich lasse mich überwältigen von der erotischen Anziehung einer Person, die wie ich am Meditationsretreat teilnimmt. Auch hier ist das zunächst meist recht witzig, führt zu einem innerlichen Schmunzeln. Aber die reizarme Umgebung des Retreats führt bald dazu, dass die leichtsinnig eingeladenen Reize des auserwählten Menschen geradezu überwältigend und allgegenwärtig werden und ich in einer Falle sitze, aus der es kein Entkommen mehr zu geben scheint. Meditative Gelassenheit ist da schier unmöglich. Und auch außerhalb formeller Meditation: Themen wie „sexueller Missbrauch“ erwecken den Eindruck, dass dieser Dämon nicht nur, aber doch auch in signifikanter Weise gerade Menschen angreift und überwältigt, die sich ein spirituelles Leben vorgenommen haben.

In meinem alltäglichen Leben halte ich mich meist so beschäftigt, dass unerwünschte Erinnerungen im Hintergrund bleiben. Das ändert sich in längeren Zeiten der Meditation. Hier begegnen sie keinem Widerstand mehr und können ungehindert hervortreten. Ich bin mit den dunklen Seiten meiner Biografie und meines Charakters konfrontiert. All das, was ich versäumt habe, wo ich anderen Unrecht getan, vielleicht sogar leichtsinnig mein Lebensglück verspielt habe – wie eine dunkle Woge rollt es auf mich zu und nimmt mich gefangen. Hier muss ich all meinen Mut zusammennehmen, um aus der Meditation nicht auszusteigen und davonzulaufen.

Dazu kommt, dass mich in den Zeiten, in denen diese dunklen Gewalten zurücktreten, oft die Leere von Frust und Langeweile ergreift: Es geht nicht voran, das Interesse an Meditation schwindet rapide, die Achtsamkeit auf den Atem fühlt sich an wie Steineklopfen, öde, immer dasselbe, als wenn ich durch unabsehbares wüstes Gelände gehen müsste, ohne Sinn, ohne Ziel. Wenn dann nicht in ganz verborgenen Bereichen meines Geistes noch ein Quäntchen Vertrauen wäre und sich trotz allem bemerkbar machte, müsste ich aufgeben und wäre verloren.

Spätestens hier muss man sich vor Augen führen: Vertrauen ist keine ein für alle Mal gelernte Haltung – einmal gelernt und immer verfügbar. Das zeigt sich genau in diesen Schwierigkeiten und auch in Krisenzeiten. Man kann Vertrauen vergessen, so wie man auch eine einmal gelernte Fertigkeit „vergessen" kann; die Erinnerung kann verblassen. Und doch gilt: Wer zum Beispiel einmal schwimmen gelernt hat, der kann man es nicht mehr verlernen; er kann lediglich darin ungeübt werden. So kann es einem auch mit dem Vertrauen ergehen. Es bedarf dann der aktiven Erinnerung daran, wie sich diese „Fertigkeit" angefühlt hat, als man sie praktizierte. Man braucht auch die Erinnerung daran, wie es war, als man mit Hilfe von Vertrauen manche Schwierigkeit gemeistert hat. Und dann muss man erneut üben!

Als Beispiel könnte dazu die alttestamentliche Geschichte des Auszugs des Volkes Israel aus Ägypten dienen: Wenn Schwierigkeiten auftauchten, verlor sich beim Volk sofort jegliches Vertrauen: Man murrte. Dann erinnerte Mose das Volk an die Rettung am Schilfmeer. In späteren Zeiten wurde zur Erinnerung an die Rettung extra ein Wallfahrtsfest eingeführt. Das Vertrauen wurde erneut ins Gedächtnis gerufen. Dieser biblische Bericht kann einem zeigen, wie man sich in Krisensituationen verhalten sollte, in denen einem das Vertrauen abhandengekommen ist: Man muss sich erinnern, dass man am Leben erhalten wurde in allen möglichen Schwierigkeiten; ja, man muss sich das immer wieder aktiv vor Augen führen!

Damit ist angedeutet: Die spirituelle Praxis beinhaltet immer wieder auch schwierige Wegstrecken, auf denen ich nicht weiß, wie es weitergehen soll. Gerade das bietet vielfältige Gelegenheiten, Vertrauen, Mut und Geduld zu entwickeln. Sie sind wichtig für unsere Übung – und natürlich auch für unseren Alltag. Deshalb ist es nützlich, sie auch im alltäglichen Leben bewusst zu kultivieren. Dazu sollen die folgenden Anregungen dienen:

- *Gestalten Sie Ihre tägliche Meditation bewusst als eine Übung im Vertrauen:*

*Ich nehme alles, wie es kommt, auch das Unangenehme, in dem Vertrauen darauf, dass es zum Leben gehört und daher sein darf.*

- *Halten Sie in Ihrem Alltag immer wieder inne und überlegen Sie: Ist jetzt gerade in meinem Leben Vertrauen mit dabei?*

- *Bei Entscheidungen machen Sie sich klar: Wie groß ist bei mir der Anteil an Vertrauen, wie viel Kontrolle muss/sollte sein?*

- *Wenn Sie ein Wagnis eingehen, machen Sie sich klar, welches Vertrauen dahintersteckt.*

- *Überprüfen Sie in der Begegnung mit anderen, wie viel Vertrauen Sie ihnen schenken. Könnte es noch mehr sein?*

- *Wenn Zukunftsgedanken kommen, prüfen Sie, ob eine Haltung des Vertrauens darin mitwirkt.*

## 2. Interesse

Der zweite Faktor, der ein kontemplatives Leben erleichtert und es zugleich wesentlich bestimmt, ist Interesse, Neugier, Forschergeist. Viele Menschen bringen diese geistigen Qualitäten nicht unbedingt in Zusammenhang mit kontemplativer Tradition, weil sie den Geist der Moderne und des Rationalismus atmen. Allerdings ist auch dieser Forschergeist schon im Menschsein einprogrammiert. Schon ein Neugeborenes muss ihn in sich haben, sonst könnte es nicht die zu seinem Überleben notwendige Milchquelle, die Brustwarze, finden.

Das Interesse an dem, was mir begegnet, hat eine kontemplative Wurzel: Ich wende mich bewusst und intensiv dem zu, was ich gerade erfahre und lasse es auf mich wirken. Es geht dabei zunächst nicht um meine Aktion, nicht darum, den Sachverhalten meine Ideen und Begriffe aufzudrücken. Der Forschergeist enthält ein Eingeständnis: Ich weiß nicht, was hier los ist. Um mehr Klarheit zu gewinnen, muss ich empfangsbereit sein, innerlich still werden – dann kann ein deutlicher Eindruck sich bilden. Meine Sinne müssen sich schärfen, damit ich auch Nuancen aufnehmen, das Spezifische dieser Erscheinung erfahren kann. In der stillen Betrachtung kann dann auch intuitiv ein geistiger Zusammenhang deutlich werden, in den das gegenwärtige Phänomen gehört – auch dies ist ein rezeptiver Vorgang. Wenn ich Interesse zeige, öffne ich mich also für das, was mich interessiert. So kann ich es in seiner Eigenart erfahren. Man kann auch sagen: Ich wende mich dem zu – ein Sprachgebrauch, der mehr das aktive Moment betont. Tatsächlich muss ich mich um diese Haltung des Interesses immer wieder aktiv bemühen. Ziel ist es, dass mir durch meine interessierte Zuwendung etwas klarer wird. Und diese Klarheit ist etwas, was entsteht, was ich nicht machen kann.

Interesse ist ein zentraler Faktor jeder Meditation, die den Menschen als ein durchweg abhängiges Wesen sieht, eingebettet in den größeren Zusammenhang des Lebens, ihm übergeordneten Gesetzen unterworfen. Offenheit und Achtsamkeit gehören wie gesagt elementar dazu, und zwar immer aufs Neue. Es ist ja keineswegs so, dass ich mir lediglich eine vermeintlich feststehende Wahrheit einprägen müsste, um alles im Griff zu haben. Wenn es so einfach wäre, wenn sich die Welt in ein eindeutiges Dogma pressen ließe, wäre Achtsamkeit gar nicht nötig. Dann wüsste ich ja schon immer, was das Leben ist, und könnte es beherrschen, hätte alles in der Hand. Das Heilsversprechen aller Dogmatiker und Ideologen! Unsere Lebenserfahrung aber ist anders: Das Leben ist im Fluss, ein Prozess ständiger Veränderung. Will ich damit im Einklang leben, muss ich mir diesen Prozess immer wieder aufs Neue bewusst machen. Das geschieht, indem ich mich ihm zuwende und mich für ihn interessiere.

Ich weiß nicht, was geschehen wird. Das ist zunächst eine Binsenweisheit. Natürlich kann niemand in die Zukunft schauen. Keiner kann alles voraussehen.

Dennoch gehen wir im alltäglichen Leben davon aus, dass „im Prinzip" alles seinen geregelten Gang gehen wird: Ich mache Pläne, treffe Verabredungen, schreibe Termine in meinen Kalender. Und die Erwartung, dass diese Planungen Realität werden, erfüllt sich in der Regel auch. Vieles läuft immer ähnlich ab: meine alltäglichen Routinen wie Schlafen, Essen, Kontakt mit den Menschen, mit denen ich zusammenlebe. Oder, noch elementarer: die Vorgänge des Atmens, des Gehens, des Sitzens. Alles das ist vertraut und bekannt, der selbstverständliche

Rahmen meines Lebens. Dieses Fraglose lässt uns überhaupt erst leben. Wenn alles in jedem Moment frisch zur Entscheidung stünde, könnte ich nicht existieren.

Und doch ist das nicht die ganze Wahrheit. Denn in unserem endlichen Leben kehrt kein Augenblick wieder. Wir können nicht zweimal in denselben Fluss steigen – jeder Moment ist einmalig. Das gilt auch für ständig wiederkehrende Vollzüge: Auf jede Nacht folgt ein neuer Tag, aber kein Tag ist wie der vorhergehende. Auch in der meditativen Übung können wir Ähnliches beobachten: Wenn wir den Atem betrachten und dabei sensibler werden, merken wir, dass kein Atemzug dem andern gleicht; jeder Lebensmoment ist spezifisch. Ich weiß nicht, was jetzt gleich geschehen wird.

So ist es, wenn wir in die Zukunft schauen, selbst auf den nächsten Moment. Etwas Entsprechendes können wir aber auch im Kontakt mit der Gegenwart erleben. Scheinbar wissen wir in den allermeisten Fällen, was das ist, was sich gerade vollzieht. Auch wenn wir nicht ganz genau voraussagen können, wie sich das nächste Einatmen vollziehen wird – wir wissen doch, was „Einatmen" ist. Wirklich? Könnte es nicht sein, dass wir uns hier (und in allen anderen Fällen) vom Begriff „Einatmen" täuschen lassen? Er fasst ein in sich unendlich komplexes Geschehen zusammen, macht es handlich und verfügbar, sodass wir uns darüber verständigen können. So können wir gar nicht auf begriffliche Sprache verzichten. Aber es muss uns klar bleiben: Sprache ist schematisch und reduziert die unendliche Komplexität der Wirklichkeit. Mehr noch: *Be-griffe* sind von uns gemacht, wir *greifen* so nach der Wirklichkeit; sie dienen dem Zweck der Verständigung und Weltbewältigung. Wenn wir uns in der Meditation rezeptiv dem gegenwärtigen Moment zuwenden, müssen wir auch die sprachlichen Begriffe zurücklassen – und damit schwindet der Schein von Vertrautheit, von Wissen und Klarheit. An seine Stelle tritt etwas, das, wie schon erwähnt, am besten mit dem englischen Wort *perplexity* ausgedrückt werden kann. Es lässt sich in die Frage fassen: „Was ist hier eigentlich los?" Antwort: „Keine Ahnung!"

Wir bleiben jedoch nicht dabei stehen, denn dann würde *perplexity* zu etwas Selbstverständlichem, das wir in unser Weltbild einordnen könnten und das uns vertraut würde. Vielmehr lassen wir uns weiter vom Interesse leiten. Das verhindert, dass wir uns beruhigen; es setzt uns weiterhin dem Rätsel des Moments aus, fordert unsere Sensibilität heraus, hält uns beim Suchen und Erfahren und verhindert das Greifen nach der Wirklichkeit durch die Begriffe.

Was geschieht dabei?

Das Rätsel löst sich nicht. Vielmehr werden wir immer weiter in das Geheimnis der Wirklichkeit hineingeführt. Die treibende Kraft ist das Interesse, das sich mit Antworten nicht beruhigen lässt. Das macht das Interesse zu einem fundamentalen Faktor des meditativen Lebens. In ihm bleibt alles fraglich und frag-würdig.

Auch in einem pragmatischen Sinne ist Interesse für das Meditieren hilfreich. Leicht bekommt die Übung den Anstrich einer bloßen Pflichtübung: Ich habe mir vorgenommen, 45 Minuten lang den Atem zu betrachten, und das muss ich jetzt durchhalten. So kommt Zwang in die Meditation; das tut ihr nicht gut. Auf diese Weise kann sich kaum eine länger andauernde Konzentration einstellen. Ist aber Interesse dabei, dann will ich immer genauer die Erscheinungsweise des Atems erforschen, dabei sein, wie er sich mir in jedem Augenblick präsentiert. Dann ist die Aufmerksamkeit von selbst da und bleibt auch länger dabei. Ohne den Faktor des Interesses kann Meditation nicht in meinem Leben Fuß fassen. Deshalb ist es wichtig, auch diese Haltung zu üben:

• *Am Beginn eines Tages machen Sie sich klar, was Sie an diesem Tag erwartet. Was wird voraussichtlich geschehen, was haben Sie geplant und sich vorgenommen? Und dann beobachten Sie immer wieder mit Interesse, was wirklich geschieht. Wenn das passiert, was Sie erwartet haben, fragen Sie sich: Vollzieht es sich in derselben Weise wie erwartet?*

• *Nehmen Sie sich in Ihrer Meditation immer wieder einmal vor, längere Zeit auf den Atem zu achten. Was könnte Sie an diesem Objekt der Meditation interessieren? Sie könnten sich vornehmen, den Beginn des Einatmens und den Schluss des Ausatmens ganz präzise wahrzunehmen. Oder Sie fragen sich: Was geschieht eigentlich in der Atempause? Bildet sich da schon die Intention des neuen Einatmens? Wodurch unterscheidet sich dieser Atemzug vom vorangegangenen? Stellen Sie sich selbst diese oder andere Fragen und suchen Sie sie zu beantworten!*

• *Wählen Sie sich aus dem Tageslauf eine Situation aus und nehmen Sie sie mit besonderem Interesse wahr; zum Beispiel das Essen: Wie schmecken die Speisen, die Sie zu sich nehmen? Oder nehmen Sie sich vor, einen Menschen, mit dem Sie ständig zusammen sind, genauer wahrzunehmen: Wie sieht er, wie sieht sie in diesem Moment aus? Welchen Eindruck macht sie, macht er jetzt auf mich?*

• *Nehmen Sie immer wieder mit Interesse wahr, in welchem Gefühlszustand, in welcher Stimmung Sie sich gerade befinden und wie das Ihre Handlungen, Ihr Reden, Ihre Reaktionen färbt.*

## 3. Ehrfurcht

Das Wort „Ehrfurcht" ist heutzutage weithin unverständlich geworden. Mit Furcht assoziiert man Angst – und Angst ist nicht erstrebenswert; man will sie überwinden, hinter sich lassen. Doch damit ist man dem Bedeutungsgehalt von „Ehrfurcht" überhaupt nicht gerecht geworden.

Worum geht es also wirklich?

Ehrfurcht ist eine Haltung von Scheu, von Respekt einer Wirklichkeit gegenüber, die dem Menschen schlechthin überlegen, die seinem Zugriff entzogen und deshalb unzugänglich ist. Ich kann nichts tun; das einzig Mögliche ist Andacht. Der Mensch stößt an eine Grenze, die er nicht überschreiten kann. Den Kräften jenseits dieser Grenze, wenn sie sich in seinem Leben bemerkbar machen, kann er nur mit Ehrfurcht begegnen. Deshalb ist Ehrfurcht die zentrale religiöse Lebenshaltung, eng verbunden mit Verehrung. Sie entsteht in der Begegnung mit übermenschlichen Mächten. Die Religionsgeschichte ist voll von Ehrfurchts-Geschichten. Ein Beispiel ist die Gottesoffenbarung im brennenden Dornbusch. Hier ist es Gott selbst, der Mose die rechte Haltung der Ehrfurcht ihm gegenüber lehrt: „Tritt nicht herzu, zieh deine Schuhe von deinen Füßen; denn der Ort, darauf du stehst, ist heiliges Land!" (2. Mose 3,5). Abstand gehört dazu; damit respektiert man die absolute Überlegenheit des Schöpfers.

Ehrfurcht kann sich aber auch anderen Phänomenen oder Ereignissen gegenüber einstellen. Etwa bei einer Geburt, wenn ein fertiges neues Menschlein das Licht der Welt erblickt, oder wenn sich im Frühjahr die ersten Knospen zeigen und der erste grünschimmernde Flor über die Natur kommt, nachdem sie monatelang „wie tot" im Winterschlaf dalag. Oder sie stellt sich ein, wenn man zusieht, wie ein zarter Schmetterling sich aus einer starren Puppenhülle herausarbeitet. Man könnte noch viele solcher Beispiele aufzählen. Wer offenen Auges durch die Welt geht, kommt aus dem Staunen nicht heraus. Das Staunen steht im Vordergrund, wenn in diesen Zusammenhängen von Ehrfurcht die Rede ist. Auch Scheu, Respekt und Andacht spielen eine Rolle. Ich könnte mir zwar diese Dinge, die ich erblicke, aneignen und sie mir zunutze machen – damit würde ich ihnen aber gerade *nicht* gerecht, verfehlte ihre wesentliche Seinsweise. Was ist diese Seinsweise? Sie ist Gabe, kein technisch hergestelltes Objekt. In diesen Phänomenen schattet sich der Geber ab; wenn das deutlich wird, stellt sich Ehrfurcht ein. Es ist dann klar, dass das menschliche Verwertungsinteresse hier nichts zu suchen hat.

Eine solche Haltung passt nicht in unsere heutige Zeit und unsere „Wegwerfgesellschaft": Alles ist käuflich und im Überfluss vorhanden, nichts muss lange halten, es wird bald schon entsorgt. Auch Essen landet im Abfalleimer. Ein beliebter Slogan der 68er lautete: „Wer zweimal mit derselben pennt, gehört schon zum Establishment." Eine feste Beziehung zu einem Menschen wurde nicht mehr wertgeschätzt. Wenn alles austauschbar ist, weil so viel (vermeintlich?) Wertvolles da ist, ist nichts mehr etwas wert. Das ist Ausdruck einer Zeit des Überflusses. In der ökologischen Bewegung regt sich Widerstand dagegen – der Geist dieser Bewegung kann jeden unterstützen und ermutigen, der die Haltung der Ehrfurcht zur Geltung bringen will.

Sind dann nicht alle Wesen und Dinge mit Ehrfurcht zu behandeln? Gibt es da eine Grenze? Nein, es gibt keine. Konkret wird jeder selbst entscheiden, wem er sich ehrfurchtsvoll nähert und welche Dinge diese besondere „Aura" für ihn haben. Benedikt von Nursia (5. Jahrhundert), der Gründer des Benediktinerordens, hat in seiner Ordensregel seinem Cellerarius (dem Manager des Alltags) die Anweisung erteilt, alles Gerät als ein heiliges Abendmahlsgerät zu betrachten. Wenn man das ernst nimmt, ergibt sich ein ganz anderer Umgang etwa mit den Töpfen und Pfannen in der Küche oder mit den Hacken und Mistgabeln in der Arbeit auf dem Feld und im Garten – überhaupt mit jedem Gegenstand, den ich benutze.

Auf jeden Fall soll ich mich allem Lebendigen mit Ehrfurcht nähern, denn es erinnert mich daran, dass ich Leben nicht herstellen, es nur empfangen kann. Deshalb kann ich mich auch nicht als Herr über das Leben gerieren. Albert Schweitzer hat die „Ehrfurcht vor dem Leben" gelehrt. Sie gehört zu einem kontemplativen Leben. Es bleibt ein unerträglicher Skandal, wie die sogenannten Nutztiere in unserer „Zivilisation“ behandelt werden – im Unterschied zu den „primitiven“ Kulturen, in denen man den Tieren mit Respekt begegnete, selbst wenn man sie, um das eigene Leben zu erhalten, töten musste.

Wie könnte es nun praktisch aussehen, mein Leben in einer Haltung der Ehrfurcht zu leben?

Um diese Frage zu beantworten, sei hier etwas ausführlicher eine persönliche Erfahrung aus einem Meditations-Retreat geschildert:

> *Helga Ulrich:* Wie üblich wurden wir zur täglichen Stunde Arbeit eingeteilt. Ich wurde, da ich eine der wenigen war, die Gummistiefel dabeihatten, damit beauftragt, gleich morgens nach dem Frühstück einen Acker umzugraben. Mein Lebtag hatte ich so etwas noch nicht gemacht! Der Acker war eine alte, sehr verfilzte Wiese, entsprechend schwer war die Arbeit. Zur Verfügung hatte ich einen antik wirkenden Spaten. Die ersten Tage, in denen ich dieser Aufgabe nachging, waren vor allem durch zwei Haltungen geprägt: Zum einen wollte ich meine Arbeit besonders gut machen. Vor allem, weil ich bemerkt hatte, dass die Fenster des Lehrerzimmers genau auf diesen Acker gingen. Ich bildete mir ein, ich würde von dort beobachtet, und wollte nun natürlich alles tun, um von den Lehrern gelobt und auch geliebt zu werden – Motto: „Ich bin die Beste!“ Zum anderen – und das

resultierte direkt aus der ersten Motivation – kämpfte ich mit all meiner Kraft, um diesen harten Flecken Erde gefügig zu machen. Das Ergebnis waren blutige Blasen an beiden Händen, denn der Ackerboden war extrem hart und widerspenstig und rührte sich praktisch nicht von der Stelle. Er tat mir nicht im Mindesten den Gefallen, sich irgendwie bearbeiten zu lassen. Das ging so ungefähr fünf Tage lang. Meine Handinnenflächen waren total blutig, ich trug Handschuhe – aber aufgegeben hätte ich nie im Leben! Das stand außerhalb meines Denkens.

Irgendwann jedoch machte es in meinem Gehirn „klick" und es tauchten Fragen auf: Was machst du da eigentlich? Was willst du erreichen? Willst du bei den Lehrern Eindruck schinden oder den Acker umgraben?

Am nächsten Morgen nahm mich der Acker auf einmal ganz anders in Empfang. Vorher war er für mich etwas Lebloses gewesen, das ich bearbeiten muss, damit es sozusagen zum Leben erwachen kann. Notfalls musste ich dabei Gewalt anwenden. Nun sah ich plötzlich das Lebewesen „Acker": Eine leichte Brise wehte, zarte Nebelschwaden schwebten vorüber, ein nicht zu beschreibender Duft war in der Luft. Ich war gepackt, mein ganzes Wesen war voller Staunen: „Wie wundervoll!" Und dann setzte ich den Spaten erneut an, ganz liebevoll, als wollte ich den Acker bitten, mir zu helfen. Ich bat ihn gleichsam, mir zu zeigen, wie er behandelt werden wollte und wie ich es machen soll. Es klingt unglaublich, aber plötzlich sank der Spaten wie von selbst in den Boden, butterweich, während ich am Tag davor noch mit Händen und Füßen gekämpft hatte, um ihn in den Boden zu stechen. Und nun tat sich vor meinen Augen Wunder um Wunder auf: Wie viel Leben war in jeder umgedrehten Scholle! Einmal hatte ich ein ganzes Nest von winzig kleinen weißen, fast durchscheinenden Eiern auf meiner Schippe. Der Acker wurde für mich zum Wunder schlechthin, zu einem Wunder des Lebens! Es war mir nun völlig egal, ob die Lehrer mich sahen – es gab nur noch den Acker und mich, wie ein einziges Lebewesen.

Diese Erfahrung war für mich die Illustration zu Albert Schweitzers „Ehrfurcht vor dem Leben". Und es gab noch eine kleine Nebenwirkung: Ab diesem Zeitpunkt heilten meine Hände. Am Ende des Retreats hatte ich ganz zarte Handinnenflächen! Die Arbeit hatte nicht nur zu guten Ergebnissen beim Acker geführt, sie war auch heilsam für mich!

Dieses Beispiel zeigt eine wesentliche Wirkung, die die Haltung der Ehrfurcht auf mein Verhältnis zu den Dingen hat: Sie stellt Verbundenheit her. Mit dieser Haltung ist es unmöglich, sich als Herrscher über die Natur oder über andere Menschen aufzuspielen; ich kann sie mir nicht als Objekte gegenüberstellen, von denen ich getrennt bin und mit denen ich irgendetwas veranstalte. Vielmehr lehrt mich Ehrfurcht: Alles gehört zusammen. Alles hat ein eigenes Recht. Die Ehrfurcht respektiert das und stellt die Verbindung her. Damit konkretisiert sie, was schon in der Achtsamkeit angelegt ist: Die eine Wirklichkeit, in der wir leben, ist eine Kette von Gliedern: „Wenn ein Glied leidet, so leiden alle Glieder mit; und wenn ein Glied geehrt wird, so freuen sich alle Glieder mit" (1. Korinther 12,26).

Auch hier bietet das alltägliche Leben ein umfassendes Übungsfeld, um einen in der Haltung der Ehrfurcht zu verwurzeln:

- *Wenn Sie sich meditativ auf den Tag vorbereiten, machen Sie sich klar: Ich werde auch heute mit einer ganzen Reihe von Dingen und Menschen zu tun haben, denen ich mit Sorgfalt, Achtung und Wertschätzung begegnen sollte.*

- *Hantieren Sie mit Dingen, achten Sie darauf, dass Sie sie nicht nur als Mittel zum Zweck benutzen. Zum Beispiel beim Brotschneiden: Bringen Sie dem Messer eine Wertschätzung entgegen, weil es die harte Rinde durchdringen kann; behandeln Sie das Brot nicht mit Gewalt, bis es Ihnen nachgibt; spüren Sie, wie das Messer in das Brot eindringt. Wenn Sie mit Achtsamkeit handeln, ist die Haltung von Achtung, Wertschätzung, ja Ehrfurcht von selber da.*

- *Ebenso beim Umgang mit Tieren: Wie ist Ihre Haltung Ihrer Hauskatze gegenüber? Wie begegnen Sie der Motte, die in Ihrer Stube herumfliegt? Auch wenn Sie Lebewesen, die Sie schädigen, nicht freien Lauf lassen können: Ist es Ihnen möglich, sie trotzdem als lebendige Wesen zu achten, die gern leben möchten?*

- *Und im Kontakt mit Menschen: Vor allem flüchtige Kontakte sind meist sachbezogen. Der Mitmensch tritt dabei in einer bestimmten Funktion auf – als Verkäufer, Busfahrerin, Handwerker –, nicht so sehr als eigenständige besondere Person. Erinnern Sie sich an Erfahrungen, in denen ein Mensch Ihnen nicht nur als eigenständige Persönlichkeit gegenübertrat, sondern vielleicht sogar als unbegreifliches Wunder, das Sie nur achten und ehren konnten. Vielleicht haben Sie solche Erfahrungen in der Liebe gemacht, vielleicht im Kontakt mit persönlichen Vorbildern. Können Sie eine Ahnung von dieser Haltung in alltäglichen Begegnungen zur Geltung kommen lassen?*

- *Wenn Sie an Gott denken oder ihn im Gebet ansprechen: Seien Sie sich bewusst, dass Ihnen da der absolut Unbegreifliche begegnet. Jede menschliche Vorstellung muss daran zerbrechen. Sie haben es mit dem Mysterium, dem Geheimnis zu tun. Die einzig angemessene Haltung ist Ehrfurcht.*

# 9
# Tradition

Wir alle leben in einer Generationenfolge und in einer bestimmten Tradition. Das gilt auch in den Zeiten der Globalisierung. Weder das Zeitalter, in dem wir leben, noch die Tradition, in der wir aufwachsen, haben wir uns ausgesucht. Wir sind da hineingeboren worden. Wenn wir aufwachsen, kommt die Zeit, in der wir beginnen, diese Tradition selbständig zu durchdringen und ein eigenes Verhältnis zu ihr zu gewinnen. Wir können sie bewusst übernehmen, sie nach eigenen Einsichten und Erfahrungen interpretieren, sie verändern oder sie ablehnen und uns anderem zuwenden. Aber was immer geschieht, wir werden sie nie ganz und gar los. Frühe Erfahrungen und Prägungen bleiben mehr oder weniger der Hintergrund unseres Lebens und Denkens. Oft bleiben sie sogar ganz gegen unseren Willen bestimmend: Es ist gar nicht so selten, dass Menschen, die in einem engstirnigen christlichen Milieu aufgewachsen sind, dies vehement ablehnen und sich irgendeiner Richtung einer anderen Religion oder Weltanschauung (dem Buddhismus, dem Islam, dem Marxismus) zuwenden, um dort demselben engen Dogmatismus zu verfallen, dem sie entgehen wollten.

Wie angewiesen wir auf Tradition sind, wird besonders deutlich, wenn wir eine spirituelle Praxis beginnen. Wir brauchen dazu Menschen, die uns anleiten und begleiten – diese haben es selbst wieder von Menschen, die vor ihnen auf dem Pfad unterwegs waren, gelernt. So tauchen wir in eine Tradition ein und werden ein Teil von ihr. Dabei ist Tradition ein dynamisches geschichtliches Geschehen. Sie ist in ständiger Veränderung, weil Menschen mit ihren besonderen Prägungen und Erfahrungen sie tragen und weitergeben. Tradition ändert sich nicht beliebig, wohl aber erneuert sie sich immer wieder, indem sie sich auf ihren Ursprung zurückbezieht und subjektive Verkürzungen und Verdrehungen zu korrigieren sucht.

Der Traditionsbezug ist nicht nur unvermeidlich, er ist auch hilfreich, denn er ist eine Quelle von Inspiration, Ermutigung und vor allem auch Einsicht. Durch die Tradition kommen wir in Kontakt mit den großen Gestalten der Religionsgeschichte. Wer die Achtsamkeitsmeditation übt, begegnet dem Buddha, auf den sie zurückgeht. Er hat sie gelehrt, und bis heute begegnen wir dieser Anleitung in der Satipatthana Sutta aus dem Pali-Kanon, der klassischen Sammlung von Lehrreden des Buddha. Er war ein genialer Lehrer, der mit den „Vier edlen Wahrheiten“ und dem „Achtfachen Pfad“ einen umfassenden Übungsweg entwickelt hat, der zur Befreiung vom Leiden führen soll. Aus seiner Jahrzehnte umfassenden Lehrtätigkeit (er starb mit 80 Jahren) sind eine ganze Fülle von

Anregungen und Einsichten überliefert, die noch immer erhellend sind. So ist es für jeden Meditierenden bis heute hilfreich, sich mit dieser Überlieferung zu beschäftigen.

Die Tradition christlichen Lebens führt uns zu Jesus. Aber seine Stellung ist anders als die des Buddha. Zwar hat auch er gelehrt wie der Buddha - er hat die hebräische Bibel ausgelegt, die Bergpredigt gehalten, seinen Schülern Anweisungen für das Beten gegeben, ihnen das Vaterunser beigebracht -, aber die Lehre steht nicht im Zentrum. Es gibt kein ausgefeiltes System für das geistliche Leben, er hat keinen differenzierten Übungsweg entworfen. Die Lehren, die von ihm überliefert sind, sind eher situationsbezogen, haben keine logische Ordnung. Deshalb ist es auch schwer, eindeutig zu identifizieren, worum es ihm eigentlich ging. Beim Buddha ist das klar: Jeder, der sich mit ihm beschäftigt, wird, wie erwähnt, von den Vier edlen Wahrheiten und dem Achtfachen Pfad ausgehen. Er ist der große Meister der Meditation. Bei Jesus dagegen fehlt ein derartiges Lehr-Zentrum. Auch deshalb wurde und wird er so unterschiedlich gesehen: als Gottessohn, als Lehrer der Vernunft, als ethisches Vorbild, als Revolutionär, als Psychotherapeut, als neuer Mann. Immer wieder, zu jeder Zeit wurde er mit dem identifiziert, was gerade aktuell war und das geistige Leben bestimmte.

Der Grund dafür ist: Jesus ist als Person mit seiner Lebensgeschichte wichtig, nicht primär als Lehrer oder Denker mit seiner Lehre. Das ist es, was ihn prinzipiell vom Buddha unterscheidet. Es geht also nicht so sehr um inhaltliche Differenzen, eher um andere Weisen der Beziehung. Spricht der Buddhist vom Buddha, dann meint er entweder den historischen Menschen Siddharta Gautama, den Buddha Shakyamuni, der, nachdem er die Erleuchtung erlangte, den Weg zur Befreiung lehrte, oder er meint das Potenzial zur endgültigen Befreiung vom Leiden in jedem von uns. Dabei ist die historische Gestalt nur deshalb wichtig, weil sie uns diesen Weg aufgezeigt hat, den nun jeder selbst gehen muss. Für den Christen dagegen ist die Beziehung zu Jesus selber zentral, der als Person, so wie er gelebt hat, „die Wahrheit" ist (Johannes 14,6). Deshalb hat man den christlichen Weg als „Nachfolge Christi" beschrieben. Sie orientiert sich an der Lebensbewegung Jesu Christi, ist an seinem konkreten Lebensweg abgelesen.

Eines der ältesten christlichen Lieder, das Paulus in seinem Brief an die Philipper zitiert, fasst diese Lebensbewegung in klassischer Weise zusammen: „Er, der Gott in allem gleich war und auf einer Stufe mit ihm stand, nutzte seine Macht nicht zu seinem eigenen Vorteil aus. Im Gegenteil: Er verzichtete auf alle seine Vorrechte und stellte sich auf dieselbe Stufe wie ein Diener. Er wurde einer von uns – ein Mensch wie andere Menschen. Aber er erniedrigte sich noch mehr: Im Gehorsam gegenüber Gott nahm er sogar den Tod auf sich; er starb am Kreuz wie ein Verbrecher. Deshalb hat Gott ihn auch so unvergleichlich hoch erhöht und hat ihm als Ehrentitel den Namen gegeben, der bedeutender ist als jeder andere Name" (Philipper 2,6–9, Neue Genfer Übersetzung).

Damit ist gesagt: Christus, obwohl von göttlicher Art, hat nicht Wesen und Macht Gottes an sich gerissen, sondern ist im Gegenteil Mensch geworden wie wir alle. Mehr noch: Er hat bewusst darauf verzichtet, sich selbst nach eigenen Vorstellungen zu verwirklichen. Er hat nicht sein Ich in den Mittelpunkt gestellt, sondern sich („wie ein Diener") in die völlige Abhängigkeit begeben. Er hat seinen eigenen Willen aufgegeben und ist den Lebensweg der Liebe, der Zuwendung zu den Armen, den Geringen, den Bedürftigen gegangen, zu dem er bestimmt war. Das hat ihn ans Kreuz gebracht, also in eine Situation, in der ihm alles genommen wurde, was ihn als Mensch auszeichnete - nicht nur das Leben, sondern auch Ehre und Ansehen, denn das Kreuz ist die Todesstrafe für Verbrecher. An diesem Nullpunkt der eigenen Existenz hat er dann von Gott alles bekommen. Er ist nichts von sich selbst, alles von Gott. Klarer und radikaler kann man die menschliche Grundsituation von Abhängigkeit, von Bedingtheit nicht ausdrücken.

In den Jesusgeschichten, die die Evangelien erzählen, wird konkret, was das Lied aus dem Philipperbrief besingt. Jesus stammt nicht aus der jüdischen Oberschicht, sondern wächst als Sohn eines Zimmermanns auf. Die Legende seiner Geburt aus dem Lukasevangelium radikalisiert das zu einem Bild absoluter Armseligkeit: die Geburt im Stall, weil für diese Familie kein Raum da war, die Krippe statt einer Wiege für den Neugeborenen, Hirten, also raue und arme Gestalten, als erste Gratulanten. Tatsächlich lebt Jesus sein kurzes Leben in diesem Umkreis: Er weiß sich zu den Armen gesandt und preist sie selig. Er wird von den maßgeblichen Kreisen der Gesellschaft angegriffen, weil er sich gemeinmacht mit Huren und Sündern. Seine Jünger sind Menschen aus dem Volk ohne besondere Stellung oder Begabung. Jesus selbst lebt als Wanderprediger ohne festen Wohnsitz, angewiesen auf das, was er von anderen erhält. Er verkündet keine Programme zur sittlichen, politischen oder religiösen Erneuerung, sondern eher Weisungen, die zum Lassen auffordern: „Ihr habt gehört, dass gesagt ist: ‚Auge um Auge, Zahn um Zahn.' Ich aber sage euch, dass ihr nicht widerstreben sollt dem Bösen, sondern: Wenn dich jemand auf deine rechte Backe schlägt, dem biete die andere auch dar. Und wenn jemand mit dir rechten will und dir deinen Rock nehmen, dem lass auch den Mantel. Und wenn dich jemand nötigt, eine Meile mitzugehen, so geh mit ihm zwei. Gib dem, der dich bittet, und wende dich nicht ab von dem, der etwas von dir borgen will" (Matthäus 5,38–42). Daran hält Jesus sich auch auf seinem Weg zum Kreuz. Er überwindet seinen eigenen Widerstand gegen das sich abzeichnende Geschick mit der Bitte an Gott: „Doch nicht, was ich will, sondern was du willst!" (Markus 14,36). Er lehnt es ab, zu fliehen oder sich zu verteidigen.

In all den Geschichten aus seinem Leben, in all seinen unterschiedlichen Aussprüchen und Lehren hält eines sich durch: Jesus hat sein Leben in unbedingtem Vertrauen gelebt. So charakterisiert ihn auch eine urchristliche Schrift, der Hebräerbrief: Jesus ist der „Anfänger und Vollender des Glaubens" (Hebräer 12,2). Und Glauben meint immer Vertrauen: Wir haben das schon als entscheidenden Faktor für ein spirituelles Leben herausgestellt. Das Leben Jesu führt die Gewissheit vor Augen, dass ich nicht für mich sorgen muss, sondern dass für mich gesorgt ist – dass also alles, was mich betrifft, in allen Aspekten in Ordnung ist. Nur wenn das so ist, kann ich mich vorbehaltlos auf andere Menschen einlassen; Egoismus wird dann unsinnig und unnötig, ich kann in der Haltung der Ichlosigkeit leben. Das ist die Haltung einer absoluten inneren Kraft, die fähig wird, alle auf mich bezogenen Wünsche und Bedürfnisse aufzugeben. Sogar die absolute Verzweiflung, die sich in Jesu Ruf „Mein Gott, mein Gott, warum hast du mich verlassen?!" (Markus 15,34) am Kreuz ausspricht, ist eine Anrede an Gott und so eine Tat des Vertrauens in der Situation eigener Ausweglosigkeit. Jesu Vertrauen bleibt, auch wenn von ihm als Mensch mit seinen Plänen und Zielen nichts übrigbleibt. Denn es gründet nicht auf eigener Kraft, sondern auf dem, der in allem Leben als schöpferische Kraft wirkt. Er bleibt, wenn alles vergeht. Das ist die Logik des Auferstehungsglaubens, mit dem die ersten Christen gezeigt haben, dass sie selbst die Lehre des Lebens Jesu, die Botschaft vom Vertrauen, begriffen haben.

Zum Thema Vertrauen kann man eine Menge sagen und sich auch Übungen ausdenken, um diese Haltung zu entwickeln. Im vorigen Kapitel haben wir selbst uns daran versucht. Inspirierender und tiefgründiger aber ist ein Lebensweg, der Vertrauen verkörpert. Denn Vertrauen ist eine Lebenshaltung und nicht so sehr eine Lehre. Deshalb ist die Beschäftigung mit Jesus als lebendiger und unverwechselbarer Person so wichtig. Im Kontakt mit ihm begreifen wir: Hier liegt keine bloße Theorie über das Wesen des Menschen vor, die ein Weisheitslehrer vorgebracht hätte. Vielmehr ist der Lebensweg Jesu selbst die Botschaft. Statt um eine Lehre geht es um eine Person mit ihrem besonderen Leben. Deshalb steht die persönliche Beziehung zu Jesus im Christentum im Mittelpunkt und auch die Nachfolge, also der Versuch, dem im eigenen Leben zu entsprechen. Erst in einem zweiten Schritt kann man das dann in eine Lehre fassen und verallgemeinern.

Für einen kontemplativen Übungsweg, für einen Lebensweg, der sich der Schicksalhaftigkeit der menschlichen Bedingtheit stellt und sie zu akzeptieren sucht, sind aus diesen Gründen die Gestalt Jesu und die Jesus-Tradition eine ganz wesentliche Inspiration.

# 10
# Sünde und Schuld

Um ein spirituelles Leben führen zu können, das im Einklang mit dem Prozess und dem Rhythmus des Lebens ist, brauchen wir Hilfsmittel. Wir haben sie in Kapitel 7 mit den fünf spirituellen Übungsweisen und in Kapitel 8 mit drei persönlichen Haltungen aufgezeigt. Diese unterstützen uns beim Üben, machen vielleicht sogar ernsthafte Übung erst möglich. In Kapitel 9 haben wir darauf hingewiesen, dass diese Übungsweisen in Traditionen wurzeln, die wichtig bleiben, weil sie inspirieren und Anregungen geben.

Kommt es nun nur noch darauf an, diese Übungsweisen zu praktizieren, eigene Erfahrungen damit zu machen und ein gutes, der Wirklichkeit angemessenes Leben zu führen? Haben wir schon alles Notwendige gesagt? Nein. Ein Thema müssen wir noch besprechen: Es gibt Hindernisse, es gibt Grenzen für die Übung; sie können die Achtsamkeitsmeditation, ja überhaupt eine kontemplative Lebenspraxis trüben, vielleicht sogar blockieren. Sie sind mit der Natur des Menschen verbunden und durch noch so große Bemühungen nicht aufzuheben. Damit ist ein Zusammenhang gemeint, der unangenehm ist und den man deshalb oft lieber verleugnet: Sünde und

Schuld. Der Begriff „Sünde" klingt zudem verstaubt, wie ein Relikt aus vergangenen düsteren Zeiten. Wir sind jedoch überzeugt: Dieses Thema ist wichtig. Hier meldet sich eine Realität, die unseren Alltag bestimmt. Worum geht es?

## Zur Wirklichkeit der Sünde

Manchmal erleben wir uns in unserem Tun völlig eingebettet in ein größeres Ganzes. Alles läuft wie von selbst. Wir leben völlig im Hier und Jetzt. Bei kleinen Kindern kann man das oft beobachten: Sie geben sich ihrem Spiel ganz und gar hin. Zeit und Ewigkeit fallen quasi zusammen. Es gibt nichts außer diesem einen Moment.

Auch bei uns Erwachsenen ist das möglich. In unserem Alltagsleben gibt es ebenfalls Momente, in denen wir „ganz da" sind. In der Liebe zum Beispiel oder wenn ich ganz aufgehe in einer Tätigkeit. Besonders deutlich aber lässt sich das in intensiver Übung erleben.

> *Thomas Ulrich:* Nehme ich an einem Retreat teil, der es mir erlaubt, mich wochen-, vielleicht sogar monatelang ausschließlich der Meditation zu widmen, dann stelle ich immer wieder dramatische Veränderungen bei mir fest. Ich kann mich zum Beispiel viel länger konzentrieren. Manchmal ist es kein Problem, eine ganze Sitzung (also 45 oder

gar 60 Minuten) lang konzentriert beim Atem zu bleiben, ohne Unterbrechung. Ich werde viel sensibler, die Wahrnehmung meiner selbst und meiner Umgebung wird erheblich nuancierter. Und ich habe die Erfahrung gemacht, dass mein Ich zurücktritt, dass ich mich unmittelbar eins fühle mit dem Moment, mit allem, was mir begegnet. Die Vögel, die Bäume, die Blumen sprechen zu mir. Ich bin ein Teil der Welt, wie sie sich im Augenblick entfaltet. Ich gehöre dazu und stehe der Welt der Objekte nicht fremd gegenüber. Das sind beglückende Erfahrungen. Wenn ich sie mache, weiß ich: So ist es richtig. So lebe ich in der Wahrheit, wahrhaftig. So ist die Welt, wie sie ursprünglich gedacht ist.

Aber ich stelle fest: Ich kann das nicht festhalten. Nach dem Retreat, wenn ich in die Alltagswelt zurückkehre, ist das für mich immer wieder eine ernüchternde Erfahrung. Schon in der alltäglichen Meditation merke ich es. Im Retreat war die Aufmerksamkeit sicherlich auch nicht immer perfekt, aber sie hielt doch über weitere Strecken an. Ich konnte mich immer wieder ganz dem Fluss der Erfahrungen überlassen. Nun aber treten auch in der Meditation meine Gedanken, meine Pläne, meine Erinnerungen wieder stärker in den Vordergrund und überwältigen mich. Ich muss mich immer öfter zum gegenwärtigen Moment zurückholen. Die fraglose Verbundenheit mit dem Moment, mit der tragenden Wirklichkeit geht verloren.

> Das verstärkt sich noch, wenn ich im Alltag wieder tätig werden muss. Es ist oft eine schmerzliche Erfahrung, zu bemerken, wie das Ich sich wieder zusammenzieht. Die Offenheit und die Verbindung zum Fluss der Ereignisse schwinden. Ich bin mit meinen Eigenschaften und Prägungen wieder da, bin ganz auf mich gestellt. Zwar lebe ich in der Welt, aber die Welt ist ein Gegenüber. Ich muss mich bewähren und durchsetzen. Das Leben ist für mich nicht mehr fraglos in Ordnung. Ich erfahre Widerstand – es geht nicht so, wie ich mir das denke. Zweifel erhebt sich: Ist das überhaupt sinnvoll, was ich mir vorgenommen habe? Ich merke, dass manches, was ich in die Wege leite, Folgen hat, die ich gar nicht bedacht habe. Kurz: Dieser unmittelbare Kontakt zur Wirklichkeit, zu der ich gehöre, die mich erhält, nährt und trägt, ist nicht mehr spürbar. Ein schmerzhafter Verlust, der mir manchmal wie die Vertreibung aus dem Paradies vorkommt.

Die entsprechende biblische Geschichte (1. Mose 2f) schildert in mythischer Form genau diesen Verlust: Der Mensch war ursprünglich eingebettet in die Natur und hat sich dann aus diesem Zustand herausbegeben. Nun tritt er als selbstverantwortliche Person dem Strom des Lebens gegenüber. Wir erinnern an diese Geschichte und wissen dabei: Sie will keine geschichtlichen Fakten schildern, sondern Grundlagen des Lebens darstellen. Ein Mythos ist, „was niemals geschah und immer ist", hat der spätantike Philosoph Salustios einmal gesagt. Unsere Geschichte spricht eine allgemein-menschliche Erfahrung an, die sich durch alle Generationen hindurch genau so finden lässt. Sie ist keine geschichtliche Tatsache, die man womöglich archäologisch beweisen könnte. In diesem Sinne wäre es also unsere Aufgabe zu schauen, ob sich auch in unserer Erfahrung dieser Mythos wiederfindet.

Wenden wir uns also der Geschichte zu: Sie erzählt, wie der Mensch aus den Elementen der Erde gebildet wird. Erde heißt im Hebräischen „adama", deshalb der Name Adam. Das ist kein Eigenname, sondern bedeutet „der aus Erde Gemachte", der Erdling – in diesem Sinn könnten wir alle Adam heißen. Er wird also aus den gleichen Elementen gebildet, aus denen seine gesamte Umgebung besteht, einschließlich der darin lebenden Tiere und Pflanzen. So ist der Mensch verwandt mit allem, was ihn umgibt. Er wird dann ins Paradies gesetzt, wo er ein Leben führen kann wie im Schlaraffenland. Er muss sich um nichts bemühen – er lebt friedlich einfach so dahin, wie jedes Tier. Es gibt nur eine Regel, die er beachten muss: Er darf nicht vom Baum der Erkenntnis essen. Das geht offensichtlich so lange gut, bis die Schlange auftaucht und erst Eva und diese dann den Adam, die ersten Menschen, zum Ungehorsam verführt.

Was machte sie verführbar? War es der Drang nach Erkenntnis? Wollten sie wissen, wie alles zusammenhängt? Oder war es das Versprechen der

Schlange, sie würden werden wie Gott und wissen, was gut und was böse ist? Solches Wissen erlaubt es dem Menschen, selbst Regie zu führen, statt aus der stetigen Verbindung mit seinem Schöpfer zu leben. Er weiß dann, was schädlich und was nützlich ist. Meinten Adam und Eva, ihr Wohlergehen wäre garantiert, wenn sie es selbst herstellten, wenn sie es sich selbst verdankten und nicht einer übergeordneten Kraft? War es einfach Neugier, wie sich das wohl anfühlen würde, dieses „Sein wie Gott" – oder war es mangelndes Vertrauen darauf, dass alles, so wie es war, in Ordnung ist und sie sich nicht sorgen müssten?

Wie auch immer: Ihre Blickrichtung änderte sich mit dem Biss in die verbotene Frucht. Vorher lebten sie völlig selbstverständlich eingebettet in das Ganze des Lebens. Sie erlebten sich als nicht getrennt von dem anderen, als verbunden mit dem Lebenspendenden, mit Gott. Nun wollen sie sein wie Gott, das eigene Leben selbst in die Hand nehmen. Um das zu erreichen, wollen sie wissen, was nützlich und was schädlich, was gut und was böse sei.

Dabei verlieren sie das große Ganze aus dem Blick. Alles, was zuvor selbstverständlich war, zum Beispiel ihre Nacktheit, wird zum Problem. Ihnen wird bewusst, dass sie schutzlos sind, deshalb müssen sie sich bekleiden. Das erste Menschenpaar ist nicht mehr selbstverständlich versorgt mit allem Lebensnotwendigen. Adam und Eva müssen lernen, auf eigenen Beinen zu stehen, selbst für ihr Überleben zu sorgen und eigene Entscheidungen zu treffen. Weil sie selbständig geworden sind, ihr Leben selbst gestalten müssen, haben sie die Freiheit, zwischen Gutem und Bösem zu wählen, denn sie erkennen nun einen Unterschied. Schon in der nächsten Generation zeigt sich, dass der Mensch sich mit seinem freien Willen auch für das Böse entscheiden kann (nicht muss!). Davon erzählt die Geschichte von Kain und Abel, die Geschichte vom Brudermord.

Der Mensch trennt sich also von seinem Ursprung – die Strafe für diese Überheblichkeit besteht jedoch nach 1. Mose 3 nur darin, dass er seinen Wunsch erfüllt bekommt. Es ist sehr wichtig, diese Wendung zu verstehen. Wenn ich bestraft werde, werde ich normalerweise eingeschränkt, vielleicht eingesperrt. Strafe geht gegen mich. Hier ist es ganz anders. Der Mensch bekommt, was er erstrebt und glühend haben will. Er kann und muss nun tatsächlich sein Leben in die eigene Hand nehmen und dabei unterscheiden lernen zwischen nützlich und schädlich, gut und böse. Er hat nun die Freiheit, zwischen beidem zu wählen – das ist anstrengend, mit großer Mühsal verbunden. Ebenso wird die Weitergabe des Lebens durch Schwangerschaft und Geburt schwierig. Und als letzte Konsequenz: Der Mensch wird sterblich. Er wird wieder in die Elemente zerfallen, aus denen er gebildet ist, er wird wieder zur Erde. Und genau das war die aufgezeigte Konsequenz – also der Mensch weiß, was er tut, und welche Konsequenz seine Tat hat. Und diese Entwicklung lässt sich nicht mehr umkehren. Er war eingebettet in das Ganze des Lebens und darin umsorgt – ein wichtiges Teilchen des Ganzen. Nun steht er auf eigenen Füßen und muss selbst tätig werden. Die Entwicklung geht also von einem Leben im Modus des Empfangens (und damit auch der Abhängigkeit) hin zum aktiven Modus (dem Modus der Freiheit und Selbstbestimmung), der alle möglichen Mühsale und Schmerzen mit sich bringt. Alles muss man sich selbst erarbeiten, und am Ende all der Arbeit steht der Tod!

Wir können Elemente dieser Geschichte, die uns Wichtiges über den Menschen sagen will, tatsächlich in der Entwicklung allen menschlichen Lebens wiederfinden:

Der Mensch beginnt mit der Vereinigung zweier Zellen und entwickelt sich nach bestimmten Gesetzen in einer Art Paradies, dem Mutterleib. Ein Entwicklungsschritt folgt selbstverständlich und automatisch auf den anderen. Der Embryo wächst, er ist passiv, muss nichts tun, um zu leben und sich zu entwickeln. Er muss nicht selbst essen und trinken, über die Nabelschnur wird er mit allem Lebensnotwendigen versorgt, eine Art Schlaraffenland. Das geht so lange, bis ihm die Wände zu eng werden, das Paradies sich eher in ein Gefängnis verwandelt. Der Embryo muss zur weiteren Entwicklung die sichere Hülle verlassen, es kommt zur Geburt, die Nabelschnur wird durchtrennt. Bis dahin ist das Eingebettetsein in ein größeres Ganzes noch dasselbe wie „Einssein“ mit der Umgebung, „Einssein“ mit dem lebenspendenden

Element. Doch nun, in der Geburt, wird diese Verbindung gekappt, das Einssein endet. Der Organismus muss sich nun getrennt von der lebenspendenden Umgebung weiterentwickeln. Das ist wie die Vertreibung aus dem Paradies des Sündenfallmythos. Zwar braucht das Baby noch eine ganze Weile lang einen Schutzraum (die Beziehung zur Mutter oder anderen Primärpersonen) – doch Grundlegendes wie die Nahrungsaufnahme muss der Mensch nun selber leisten.

Später wird auch dieser Schutzraum zu eng. Der Mensch erkennt sich als verschieden von seiner Umwelt. Der Beginn dieses Stadiums zeigt sich im Trotzalter: Das Kind probiert sich aus, testet seine neuen Grenzen. Im Zuge dessen lernt es zu erkennen, was gut, nützlich und erwünscht ist und das Gegenteil davon, was böse, schädlich und unerwünscht ist – es lernt das an den Konsequenzen, die sein Handeln nach sich zieht. Dadurch bekommt das Kind die Freiheit, zwischen diesen beiden Polen zu wählen und sich innerhalb dieser neuen Grenzen sicher zu bewegen. Die Entwicklung läuft weiter, immer mehr Pflichten und Herausforderungen kommen dazu, Eigenarten entwickeln sich und mit der Pubertät setzt dann der große Antrieb durch die Sexualität ein – wieder ein Anreiz, die zu eng gewordene Schutzhülle zu sprengen oder zumindest zu erweitern. Der Mensch entwickelt sich auf diese Weise zu einem Individuum, das sein Leben in die eigene Hand nehmen kann. Das ist absolut notwendig, damit der Mensch ein eigenständiges Wesen wird.

Das Bedürfnis und Streben nach Erkenntnis und Wissen, von dem in der biblischen Sündenfallgeschichte die Rede ist, das Streben, auf eigenen Füßen zu stehen, gehört zum Menschsein. Also, ohne den „Sündenfall" gibt es keinen erwachsenen Menschen, der in seinem Leben Verantwortung für sich und seine Taten übernehmen kann. Doch zugleich ist er Quelle alles Elends und Unglücks. Die menschliche Situation ist unvermeidlich zweideutig.

Das theologische Wort „Sünde" versucht das auf den Begriff zu bringen.

„Sünde" bezeichnet die Trennung vom Ursprung der Wirklichkeit, den wir Gott nennen, und der Wirklichkeit im Ganzen.

> Hier können wir nicht näher und differenzierter auf die Thematik „Sünde" und „Sündenfall" eingehen. Hilfreich zu wissen ist, dass sich der Sündenbegriff in der katholischen und in der (hier im Hintergrund stehenden) reformatorischen Tradition je unterschiedlich entwickelt hat. Diese bezieht den Begriff primär auf die menschliche Verfasstheit, während Katholiken unter „Sünde" in der Regel die einzelne Tat verstehen und gewohnt sind, die moralische Dimension „mitzuhören".

Dieses Konzept von Sünde als „Trennung" wertet den Menschen nicht ab, versucht ihn nicht kleinzuhalten, wie eine gängige Kritik meint. Im Gegenteil: Es weist auf das, was den Menschen auszeichnet vor allen anderen Lebewesen: Er kann und muss Verantwortung übernehmen. Es zeigt aber zugleich den Preis auf, den wir alle für das Streben danach, selbständig zu werden, zahlen müssen: Der Mensch wird dadurch zu einem besonderen, zu einem einzelnen Ich, das sich nicht nur von allem anderen unterscheidet, sondern auch getrennt ist. Er stellt alles als Du und als Es, als Lebewesen und als Welt der Objekte, sich gegenüber. Seine Beziehungen realisieren sich auf der Basis von Trennung, von Getrenntsein: Ich hier – alles andere da. Das kennzeichnet unseren Alltag. Auch wenn wir punktuell, etwa bei einem Ausflug in einen Retreat, einen „quasi-paradiesischen" Zustand des Verbundenseins, des Einsseins erleben, so kehren wir danach, im Alltag, unvermeidlich wieder zurück.

## Schuld

Die Sünde verändert die Beziehungen, in denen der Mensch lebt: Er ist nicht mehr eingebettet in die Welt, er steht ihr selbstbewusst und selbständig gegenüber. Dass das problematisch ist, zeigt sich in zwei Aspekten; beide verderben und schädigen das menschliche Leben und lassen so Schuld entstehen.

Ein erster Aspekt: Wenn ich mich selbst um mein Leben kümmern muss und meine Projekte verfolge, vergesse ich leicht, wie sehr ich immer noch als Geschöpf aus dem Empfangen lebe: Dankbarkeit, unbedingtes Vertrauen und Ehrfurcht treten an den Rand. Wenn ich nicht aufpasse, sind sie nicht mehr die Atmosphäre, in der ich selbstverständlich lebe. Damit wird auch die menschliche Grundhaltung von Demut unverständlich; sie fließt aus dem Wissen, dass ich nicht der Herr meines Daseins bin. Was sich stattdessen breitmacht, sind Sorge und der Geist des Machens. Ich habe das Gefühl, ich muss mich kümmern, arbeiten und tun, sonst wird nichts aus mir, sonst gehe ich unter. Die Welt scheint mangelhaft und muss von mir und meinesgleichen verbessert werden. Leicht entsteht daraus eine Art von Rechthaberei: Auch wenn man über Einzelnes streiten kann – grundsätzlich weiß ich, in welche Richtung es gehen muss. Oder man wird selbstgewiss: Ich schaffe das! Oft ist das verständlich, geht zum Teil auch gar nicht anders. Denn wir leben ja nicht mehr im Paradies, müssen unser Leben in die eigene Hand nehmen. Lässt man sich aber ganz und gar davon beherrschen, kann es sich zum Hochmut auswachsen. All das beschreibt, wie die Sünde sich im menschlichen Leben bemerkbar macht. Muss man das schon Schuld nennen? Jedenfalls erkennt der Mensch in dieser Haltung nicht an, dass er sein Leben nicht selbst schaffen und erhalten kann.

Zum zweiten Aspekt: Nur auf mich gestellt, kann ich nicht leben. Ich bin umgeben von einer Fülle von Individuen, von denen jeder so wie ich spezifisch geprägt ist und sich nach seinen Vorstellungen verwirklichen will. Wenn ich das Zusammenleben durch mein Handeln gestalten will, tut sich ein Problem auf: Ich handle als Ich, als begrenztes, durch meine Geschichte geprägtes Wesen, mit sehr spezifischen Ansichten, Erfahrungen und Plänen. Auch wenn ich für alle etwas erreichen will, wenn ich meine Absichten kritisch prüfe, selbstlos sein will – es bleiben meine eigenen Absichten, denen ich nachgehe. Meine Ichhaftigkeit macht mein Handeln und Denken kurzsichtig. Das äußert sich in vielfacher Hinsicht; hier eine kleine Auswahl an Möglichkeiten:

– Ein harmloses Beispiel aus der Kindererziehung, das Eltern bestimmt schon oft erlebt haben: Mein Kind lernt laufen, steht unsicher auf seinen Beinchen – und dann ist da vor ihm eine kleine abwärtsführende Stufe! Klar, als Mutter oder Vater springt man hinzu und hilft dem Zwerg, sie ohne Schmerzen zu überwinden. Das ist für die ersten Male völlig in Ordnung und auch nötig. Doch dann muss man den eigenen Helferwillen bezwingen, der dem Kind jeden Schmerz ersparen will, und muss zulassen, dass es stolpert und die Stufe hinunterfällt – innerlich bin ich ganz liebevoll dabei und bereit, einzuspringen, wenn es wirklich nötig ist. Nur durch diese manchmal schmerzhaften Erfahrungen lernt das Kind, Schwierigkeiten aus eigener Kraft zu bewältigen und auch wieder aufzustehen, wenn es gefallen ist. Es gewinnt Vertrauen in die eigenen Fähigkeiten. Das ist ein wichtiger Schritt auf dem Weg zur Selbständigkeit. Mein guter Wille, unbedacht eingesetzt, kann das schwerer machen.

– Wenn nicht nur ich handle, sondern auch noch andere, kann es zu Konflikten kommen, die nicht selten das, was eigentlich erreicht werden soll, überlagern. Jeder hat seine eigene Meinung. Schlägt jemand etwas anderes vor als ich, geschieht es leicht, dass ich gekränkt bin: Ich bin doch eigentlich der Experte – was nimmt der andere sich da heraus?! Schon tritt die Sachfrage in den Hintergrund und es entwickelt sich ein Kampf um Anerkennung. Hilfreiches Handeln wird zweitrangig, bleibt vielleicht sogar auf der Strecke.

– Ich kann einfach nicht absehen, was aus meinen Taten wird. Oft schon hat der beste Wille schlechte Folgen gehabt, weil ich nicht alles im Blick hatte. Die politischen Entscheidungen während der Corona-Krise bieten entsprechende Beispiele: Wir wollen alle schützen und versuchen, die Pandemie durch Lockdowns einzudämmen. Doch dadurch müssen auch viele Menschen ohne den Trost direkter Zuwendung sterben, Firmen gehen bankrott, Depressionen verbreiten sich und in den Nachrichten ist die Rede von unabsehbaren Folgen der Wirtschaftskrise gerade für die Ärmsten der Armen in der Welt. Oder: In Syrien will man eine grausame Diktatur beenden – und die Folge ist die Zerstörung des ganzen Landes mit Millionen weiterer Opfer.

– Meine gegenwärtige Einsicht kann sich später als irrtümlich herausstellen. Dann wird alles, was ich unternehme, nichts oder Schlechtes bewirken. Ein bedrückendes Beispiel ist der hohe Idealismus, der Millionen von Kommunisten angetrieben hat, die das Elend der Arbeiter und Bauern wie auch die Ursachen von Kriegen beseitigen wollten – was aber tatsächlich befördert wurde, war der menschenverachtende Stalinismus.

– Meine Mittel sind begrenzt. Ich kann nicht überall helfen oder eingreifen. Was ich dem einen gebe, entziehe ich vielen anderen, die es noch nötiger hätten.

Die Möglichkeiten, die wir hier aufgezählt haben, beschreiben kein bewusst bösartiges Verhalten – das Gegenteil ist zutreffend! Trotzdem bleibt mein Verhalten Menschen oder Situationen, die Hilfe brauchen, etwas schuldig. Ich werde schuldig. Der Grund dafür ist meine Begrenztheit, meine Ichhaftigkeit, von der all meine Taten und mein ganzes Leben geprägt sind.

Dass ich mich als Ich vom Ganzen trenne und der Welt gegenübertrete, hatten wir, angeregt von der jüdisch-christlichen Tradition, als „Sünde" identifiziert. Hier sehen wir, dass Sünde Schuld hervorruft. Dieser Schuld kann ich nicht entgehen; sie bewegt sich jenseits aller moralischen Kategorien, ist also transmoralisch. Aber das entschuldigt mich nicht, denn ich bleibe darin die Liebe und Solidarität schuldig, die ich eigentlich leisten soll und leisten will.

Sicher: Gerade die Achtsamkeit, die ich in der Meditation trainiere, kann erheblich dazu beitragen, dass ich bewusster werde, dankbarer lebe, mir selbst auf die Schliche komme, ungute Regungen in mir eher erkenne und sie bewusst fallen lasse. Die Meditation hat an dieser Stelle ein großes Potenzial und ist alle Anstrengung wert. Gerade Christen sind in der Gefahr, zu früh zu resignieren und sich mit dem Argument zu beruhigen: Der Mensch ist eben so! Nein, du kannst mehr erreichen, als du denkst, wenn du mit aller Kraft dranbleibst. Dafür sind viele Meditierende, und an erster Stelle der Buddha selbst, ein großes Vorbild.

Dennoch bleibt fraglich, ob ich im Getümmel des Lebens wirklich immer die verborgenen Motive erkenne. Trotz aller Selbstkritik kann es leicht geschehen, dass, ohne böse Absicht, mein Eigeninteresse das sachlich Notwendige verdrängt. Ganz schwierig wird es, wenn dieses Eigeninteresse sich ein moralisches Mäntelchen umhängt! So kann ich beispielsweise erhebliche Opfer bringen, um einem Menschen, der mich immer wieder behelligt, zu helfen – in Wahrheit aber will ich ihn als unerträglichen Querulanten bloß loswerden. Oder das verborgene Motiv ist, vor anderen gut dazustehen. Sicher, auch hier kann ich Fortschritte in Selbsterkenntnis machen, aber es gibt Grenzen, die ich auch mit größter Anstrengung nicht zu überschreiten vermag, denn ich bleibe ein begrenztes, endliches Wesen, das sich irren kann.

Natürlich könnte jemand sagen: Ethisch zählt allein die Absicht; wenn das Motiv meines Handelns in Ordnung ist, trifft mich keine Schuld. – Doch ist das wirklich so? Mit guten Absichten lässt sich fast alles entschuldigen – auf dem religiösen Sektor von den Hexenverbrennungen bis zu aktuellen Terrortaten. Da beweist der Theologe Karl Barth mehr Durchblick, wenn er lapidar feststellt: „Dummheit ist Sünde." Aber auch das reicht nicht aus. Selbst wenn sich theoretisch die „Dummheit" beseitigen ließe: dass mein Blick auf die Welt prinzipiell kurzsichtig ist, weil ich einen begrenzten Blickwinkel habe und nicht alles überblicken kann, das muss ich einfach anerkennen.

Und dann gibt es noch die moralisch zu bewertende Schuld: Ich tue bewusst etwas Böses, ich schade meinen Mitmenschen und der Welt, weil ich es will. Hier herrscht ohne Rücksicht und ohne Bedenken mein Ich. Ich lasse mich überwältigen von meinen ichbezogenen Regungen, von meiner Gier, von meinem Hass, von meinem Neid, von meinen Urteilen und Vorurteilen. In diesem Kapitel haben wir immer wieder von der Ichhaftigkeit gesprochen, die der Sünde und der Schuld zugrunde liegt. Hier nun kommt sie als solche zur Geltung, nicht gebremst durch meine Vernunft, mein Gefühl für Verantwortung oder meine Rücksicht auf die Welt und meine Mitmenschen. *Diese* Schuld liegt nur an mir – deshalb liegt es auch an mir, sie zu lassen. Sie ist eben nicht transmoralisch, sie ist moralisch. Gebote und Gesetze bieten Anleitung und Hilfe, ihr nicht zu verfallen. Aber eben fiel schon das Stichwort „das Böse": ein Hinweis darauf, dass es ganz so einfach nicht ist. Das wird uns im nächsten Kapitel beschäftigen.

# 11
# Vergebung

Vieles ist nicht in Ordnung in der Welt, in meiner Umgebung, in mir selbst. Und ich bin oft mitverantwortlich dafür. Kann ich das wiedergutmachen? Auf jeden Fall kann ich mir vornehmen, in Zukunft achtsamer zu sein. Damit kann vieles besser werden. Ich kann Schaden abwenden. Aber wir mussten im vorigen Kapitel einsehen: Da ich als dieses Ich, das ich bin, handeln muss, in all meiner Begrenztheit und Kurzsichtigkeit, gerät immer wieder vieles daneben. Dem kann ich nicht entgehen! Sünde und Schuld wirken weiter, verhindern, dass die Verhältnisse in Ordnung kommen. Gibt es dafür überhaupt Wiedergutmachung?

Das ist eine Grundfrage des Zusammenlebens. Praktiken von Vergeltung („Auge um Auge, Zahn um Zahn"), von Strafe und Sühne sind Versuche, mit Sünde und Schuld umzugehen und den dadurch entstehenden Schaden zu begrenzen.

In diesem Zusammenhang ist Vergebung eine besonders anspruchsvolle und wirksame Praxis, weil sie Täter und Opfer in einen intensiven Kontakt bringt und auf beiden Seiten einen Prozess innerer Verwandlung anstößt. Die Herausforderungen, um Vergebung zu bitten und selbst zu vergeben, können zu einem Prüfstein für ein spirituelles Leben werden.

## Sündenvergebung

Wenn ich um Vergebung der Sünde bitte, erkenne ich diese an: Ich habe mich vom Ursprung meines Lebens, vom Gesamtzusammenhang getrennt, lebe mein Leben auf mich gestellt. Die Sünde zeigt sich immer wieder in meinem Verhalten: in mangelnder Dankbarkeit, mangelndem Vertrauen, in Hochmut und Überheblichkeit, mit der ich denke, mein Leben ganz und gar selbst gestalten und erhalten zu können. Das ist der Grund für all die Verkehrtheit, in der ich lebe. Wenn ich das erkenne, kann ich bewusst dagegen angehen. Ich kann mich der Übung der Dankbarkeit widmen, kann mich darum bemühen, Vertrauen zu entwickeln – das ist sinnvoll und notwendig. Ich kann darin auch beträchtliche Fortschritte machen, aber ich werde immer hinter dem zurückbleiben, was eigentlich sachgerecht ist. Ja, dankbar bin ich immer wieder einmal. Aber bin ich wirklich „dankbar in allen Dingen" (1. Thessalonicher 5,18)?

Auch Situationen, in denen Vertrauen mich nicht ganz und gar durchdringt, wird es ebenfalls immer wieder geben. Darin zeigt sich: Die Tatsache meines Getrenntseins kann ich nicht rückgängig machen. Dass mein Ich sich in all meinem Handeln und Denken in den Vordergrund drängt, bleibt bestehen.

Wenn ich mir dessen bewusst bin, kann ich nur Gott um Vergebung bitten.

Das Besondere an der Sündenvergebung ist: Ich kann sie immer wieder erfahren. Ich bin da nicht abhängig von der Uneindeutigkeit und dem Wankelmut eines Menschen. Denn Gott ist es, der Sünden vergibt. Ich erfahre sie in den Momenten, in denen mir ganz deutlich ist, wie ich mit dem Leben verbunden bin. Ich kann diese Erfahrung nicht herstellen, indem ich mich in einer spirituellen Technik vervollkommne. Aber zum Beispiel in der Stille und der Konzentration eines Meditations-Retreats kann ich zu einer Umgebung beitragen, die diese Erfahrung befördert. Und gar nicht so selten ereignet sie sich auch ganz spontan, ganz ohne eigenes Zutun: in jedem Moment, in dem ich ganz präsent bin und empfangsbereit für den gegenwärtigen Augenblick, in dem kein Wollen, Denken, Urteilen oder Planen in die Quere kommt, sondern ich einfach nur für diese Erfahrung da bin, ohne sie zu nutzen oder zu reflektieren. Dann bin ich eins mit dem Leben, das mich trägt und erhält, in das ich hineingehöre. Wie gesagt: Das vollzieht sich gar nicht einmal so selten; das Problem ist nur, dass ich oft achtlos über diese Erfahrungen hinweggehe. Das Training in Meditation besteht nicht zuletzt darin, sensibler dafür zu werden. Sie sind ja da, bei jedem Menschen.

Diese Erfahrungen sind konkrete Erfahrungen von Sündenvergebung: Die Trennung vom Lebensquell ist in diesen Momenten aufgehoben. Ich bin wieder da, wo ich hingehöre, als ein kleines, aber nötiges Mosaiksteinchen in der Schöpfung. Diese Vergebung begleitet mich mein Leben lang und erneuert immer wieder mein Leben, macht mich selbst neu.

## Vergebung von Schuld

Es gibt drei Blickrichtungen auf die Vergebung von Schuld. Die eine zielt darauf, was der andere mir angetan hat, die zweite darauf, was ich mir selbst antue, und die dritte darauf, was ich dem andern angetan habe.

Es gibt große Unterschiede in der Stärke der Verletzungen, die aus schuldhaftem Verhalten resultieren. Das ist ähnlich wie bei körperlichen Verletzungen: Man kann sich beim Gemüseschneiden den Finger verletzen – da genügt ein Pflaster, um zu verhindern, dass Dreck in die Wunde kommt. Es gibt aber auch richtig schwere körperliche Verletzungen, bei denen ein Pflaster nicht mehr genügt und die Heilung viel Zeit und professionelle Unterstützung braucht.

Bei emotionalen Verletzungen geht es ebenfalls von einfachen „Ausrutschern", etwa einem unbedachten Wort, wo ein ehrlich gesagtes „es tut mir leid" als „Pflaster" genügt, bis hin zu schweren seelischen Schädigungen, bei denen es mehr Einsatz und auch mehr Zeit für die Heilung braucht. Auch hier ist oft professionelle Hilfe nötig, um mit dem Schmerz umzugehen.

In allen Fällen ist es sehr wichtig, sich nicht unter Druck zu setzen und zu überfordern. Wenn die Verletzung sehr tief ging, kann es sein, dass man lange Zeit nur Schmerz und Wut spürt – die Vergebung kommt zu ihrer eigenen Zeit, man darf nicht drängen. Das Einzige, worauf es ankommt, ist: Ich muss klar meine Absicht formulieren, vergeben zu wollen und damit die Richtung vorgeben, in die ich gehen will: Ich möchte dazu beitragen, dass die Wunde heilen, dass sie vernarben kann.

### *Ich vergebe einem anderen*

Jack Kornfield erzählt: Zwei alte Kriegsveteranen, die gemeinsam lange Zeit im Gefängnis gesessen haben, treffen sich nach vielen Jahren wieder. Der eine fragt: „Hast du deinen Häschern vergeben?" Empört antwortet der andere: „Nein, denen werde ich nie vergeben!" Darauf meint der erste: „Dann bist du ja noch immer in Gefangenschaft."

Ähnliches spielt sich in vielen von uns ab. Wie viele Menschen tragen zum Beispiel ein Leben lang ihre „missratenen" Eltern mit sich herum, die sie nicht so behandelt haben, wie sie sich das gewünscht hätten? Manch einem wird aber auch klar, dass er damit eine große Last mit sich herumschleppt. Schon das Wort „nachtragen" drückt das gut aus. Erst wenn man erkennt, dass man an einer alten schuldhaften Verletzung herumkaut, die einen belastet, wenn man erkennt, dass dies das Leben vergiftet, ist man bereit, den Gedanken an Vergebung zu fassen. Erst dann ist Vergebung nicht mehr nur eine Moralvorschrift, sondern wird zu einer Entscheidung in Richtung „befreites Leben"! Dann kann man sich klarmachen, dass jede Verletzung Narben hinterlässt, die man aber nicht dauernd wieder aufkratzen muss. Die Verletzungen gehören der Vergangenheit an, die Vergangenheit ist vorüber, ich lebe jetzt, ich kann die Vergangenheit ruhen lassen und gebe die Hoffnung auf, eine bessere Vergangenheit zu bekommen.

So kann ein Prozess einsetzen, der je nach Schwere der Verletzung unterschiedlich lange dauert. Es ist ein Prozess, den ich entweder allein bewältigen kann oder für den ich mir professionelle Hilfe suchen muss. Denn ich muss mich dem alten Unrecht (sei es, dass ich es getan habe, sei es, dass es mir zugefügt wurde) stellen und es mir mit allen Facetten noch einmal anschauen.

Zuvor ist es aber dringend nötig, sich klarzumachen, was Vergebung *nicht* ist:
- Sie ist kein stillschweigendes Akzeptieren von Fehlverhalten.
- Sie ist keine Beschönigung und keine Rechtfertigung für verletzendes Verhalten.
- Sie muss nicht notwendig Vergessen beinhalten.
- Sie macht Unrecht nicht ungeschehen.
- Ich muss nicht weiter in Kontakt mit dem „Täter" sein und ich darf und muss mich schützen, wenn ich

erkenne: Der andere kann oder will sein verletzendes Verhalten nicht ändern oder einsehen.

Was ist dann Vergebung?

Ich trage dem anderen seine Schuld nicht länger nach. Ich lasse mich nicht beherrschen von Gedanken und Gefühlen, die um das kreisen, was mir angetan wurde. Ich bemühe mich um einen frischen Blick auch auf den Schuldigen – dazu gehört eine realistische Wahrnehmung seiner Eigenarten und Schwächen.

Vergebung kann nicht gelingen, wenn ich mich dabei moralisch unter Druck setze. Wenn ich glaube, ich dürfe einfach nicht nachtragend sein oder zu einem spirituellen Leben gehöre die Vergebung zwingend dazu, egal was geschehen ist. Vergebung, die so zustande kommt, muss oberflächlich bleiben. Sie kann nicht heilend wirken, weil ein tiefsitzender Stachel zurückbleibt, der ein neu entstehendes Gefühl der Versöhnung unmöglich macht. Es ist also sehr wichtig, sich nicht zu überfordern.

Wenn die Verletzung durch das, was einem angetan wurde, sehr tief sitzt, kann es sein, dass man sich in der Stille dem Thema der Vergebung zuwendet und dabei hauptsächlich den Schmerz, die Wut und den Hass gegen den Schuldigen spürt und sich keine Erleichterung zeigt. Es ist wichtig, sich dann trotzdem weiter damit zu beschäftigen und sich auf seine Absicht, vergeben zu wollen, zu konzentrieren. Man muss geduldig bleiben, sich immer wieder ausrichten auf den Geist der Vergebung und darauf vertrauen, dass diese Übung wirkt. Vergebung kann man nicht erzwingen, sie wird sich spontan einstellen, wenn die Zeit reif ist. Aber man muss sich darum bemühen!

## *Ich vergebe mir*

Zur Vergebung gehört auch, dass ich lerne, mir selbst zu vergeben. Dass ich nicht bei endlosen Selbstanklagen und Selbstvorwürfen stehenbleibe. Wenn durch meine Schuld menschliche Gemeinschaft so beschädigt ist, dass sie nicht wiederhergestellt werden kann, muss ich das annehmen. Aber ich sollte nicht auf dem Trümmerhaufen sitzen bleiben, sondern einen Weg in die Zukunft suchen. Das ist zweifellos eine Gratwanderung, denn es ist auch nicht in Ordnung, wenn ich schulterzuckend feststelle: Es ist nun mal so passiert; die Vergangenheit muss man ruhen lassen! Nein, es bleibt wichtig, das Leid, das ich angerichtet habe, im Sinn zu behalten und den Schmerz der anderen zu sehen.

Ebenso sehe ich auch meinen Schmerz über mein Versagen. Ich erkenne: Die Kräfte, die mich in Versuchung geführt haben (zum Beispiel die Kraft der Gier oder des Haben-Wollens), sind zu stark für mich gewesen, ich konnte ihnen nicht widerstehen. Ich wende mich mir selbst in meiner Schwäche zu und versuche, Mitgefühl mit mir selbst zu entwickeln darüber, dass ich, vielleicht immer wieder, mehr oder weniger ausdrücklich, in solche Fallen tappe.

Ich frage mich, was mir jetzt guttäte.

Die Selbsterkenntnis, die ich gewonnen habe, verwandle ich in eine Aufgabe für die Zukunft. Ich nehme mir vor, mehr Achtsamkeit zu entwickeln, meine Wünsche und Bedürfnisse zu prüfen und mich nicht einfach davon überwältigen zu lassen. Ich konzentriere mich darauf, in meinem Leben nicht das, was mir fehlt, ins Zentrum zu stellen, sondern das, was mir geschenkt ist.

So kann ich, positiv gestimmt, in die Zukunft gehen, das Destruktive, das in der Vergangenheit gesiegt hat, verwandeln in eine Herausforderung für gegenwärtiges und zukünftiges Denken und Handeln.

### *Ich bitte um Vergebung*

Zunächst ein ganz alltägliches Beispiel aus unserem Leben:

> *Helga Ulrich:* Ich lebe mit meiner verwitweten Schwiegermutter in einer Wohnung. Wir begegnen uns oft in der Küche. Manchmal will ich dort noch rasch etwas tun; quasi unfehlbar steht sie mir dann in ihrer umständlichen Lebensart im Weg und stört. Ehe ich mich versehe, gebe ich einen sarkastischen Kommentar zur Situation und vor allem zu ihrem Verhalten ab und merke, wie

sie zusammenzuckt und sich wortlos entfernt. Ich habe ihr wehgetan. Ich spüre ihren Schmerz, und auch mir geht es nicht gut damit.

Was kann ich nun tun?

Ich könnte ohne Weiteres zur Tagesordnung übergehen: „Ist doch nicht so wichtig!" Aber das fühlt sich nicht gut an. Ich könnte es auf sich beruhen lassen, aber innerlich mein Tun rechtfertigen: „Ich habe einfach nicht viel Zeit." Auch das fühlt sich nicht gut an. Ich könnte ihr die Schuld zuschieben: „Warum muss sie mir immer in die Quere kommen?!" Aber ich merke, dass das unwahrhaftig ist. Ich könnte mich selbst kritisieren: „Warum muss ich auch immer so ungeduldig sein?!" Das tut mir nun gar nicht gut. Oder ich überwinde mich und sage: „Es tut mir leid – entschuldige bitte." Plötzlich fühle ich Erleichterung, ich kann die Sache abschließen und mich anderen Aufgaben zuwenden. Hier wird deutlich, welch gute Wirkung die Bitte um Vergebung haben kann, selbst wenn es nicht einfach ist und ich mich dazu erst überwinden muss: Das Leben beginnt neu.

Dies war ein recht einfaches Beispiel – und doch war die Bitte um Vergebung schwer! Es gibt aber sehr viel schwerere Verfehlungen, die dringend die Bitte um Vergebung fordern – bis hin zu Verletzungen, die gar nicht mehr heilen können. Zum Beispiel, wenn ich einen Verkehrsunfall verschuldet habe, bei dem ein Mensch getötet wurde. Ich werde dafür vor Gericht gestellt, schuldig gesprochen und bestraft, je nach den Umständen. Indem ich diese Folgen trage, ist dem Recht Genüge getan. Aber meine Schuld bleibt; hier ist durch den Tod die Zukunft versperrt. Nehmen wir an, der Getötete hatte keine Angehörigen. Dann kann ich auch niemanden um Vergebung bitten. Ich bleibe mit meiner Schuld allein. In Bildern und Gedanken wird sie immer wieder gegenwärtig. Ich spüre sie emotional in Traurigkeit, Verzweiflung und Enge. Ich mache mir Vorwürfe. All das kommt ganz von selber, geht aber auch nach einer gewissen Zeit, um anderen Gedanken und Gefühlen zu weichen. Aber früher oder später kommt es wieder. Darin zeigt sich die Macht des Lebensfeindlichen, die ich durch meine schuldhafte Tat aktiviert habe. Sie attackiert mich nun und drückt mich nieder. Und sie versucht, indem sie Besitz von mir ergreift, durch mich in der Welt weiterzuwirken, etwa wenn ich andere Menschen durch meine Depressivität anstecke oder wenn ich meine Stimmung aggressiv oder unachtsam zu überspielen suche und damit anderen wehtue.

Normalerweise werden die Gedanken an meine Schuld und die Gefühle, die dadurch ausgelöst werden, im Laufe der Jahre seltener; vieles verblasst mit der Zeit. Wunden schließen sich und vernarben. Aber durch bestimmte Ereignisse kann auch nach Jahrzehnten die Erinnerung ganz lebendig wieder da sein; die Narben brechen auf und ich spüre wieder Schock und Schmerz über das längst Vergangene. Darin wird deutlich: Die Schuld ist nicht erledigt, sie bleibt. Ich kann sie nicht zum Verschwinden bringen, auch nicht durch eine noch so ausgefeilte meditative Technik.

Aber ich kann in der Meditation bewusst das aufgreifen, was ohnehin in meinem Leben geschieht, und es zur Klarheit bringen: Wenn die Gedanken und Gefühle zurücktreten, die um meine Schuld kreisen, kann die Aufmerksamkeit sich wieder auf den Atem richten. Was mich leben lässt, ist immer noch da. Ich nehme diese Kraft wahr und merke, wie sie in mir wirkt wie alles andere, in das ich eingebettet bin und das mein Leben ausmacht: der Boden unter meinen Füßen, Sonne und Regen, Wind, mein Zimmer, vertraute Menschen – eben die ganze Fülle des Lebens. Ich habe daran teil in all meiner Schuld. Ich habe das Lebensfeindliche, das Böse befördert – trotzdem trägt mich die Kraft des Lebens. Darin erfahre ich Vergebung: Meine Schuld trennt mich nicht vom Leben. So kann ich Vergebung als Inbegriff aller Gaben verstehen. Ich spüre diese Gaben und kann mich in Dankbarkeit dem Geber (Gott) zuwenden.

## Vergebung als Überwindung des Bösen

In unserem alltäglichen Leben müssen wir oft feststellen, wie schwierig beides ist: um Vergebung zu bitten und zu vergeben. Warum ist das so? Es ist wichtig zu fragen, was sich in dieser Schwierigkeit, von Herzen zu vergeben oder um Vergebung zu bitten, eigentlich meldet.

Vielleicht kann man das besser nachvollziehen, wenn man sich als Beispiel eine – fast möchte man sagen: „übliche" – Verletzung vorstellt: den Ehebruch. Wenn ich untreu geworden bin, ist das eindeutig meine Schuld. Ich habe mich einem anderen zugewandt, geistig und emotional meinen Partner verlassen, obwohl ich äußerlich noch mit ihm zusammenlebe. Mit dem Bruch der Treue geht auch anderes zusammen: Täuschung, Lüge, Unaufrichtigkeit, Feigheit. Das sind Sachverhalte, die meine Integrität beschädigen und die Beziehung zum Partner und zur Familie zerstören. Daran kann man sehen: Schuldhaftes Verhalten ist nicht nur eine einzelne Tat. Es wird damit eine Kraft aktiviert, die Leben zerstört, die Kraft des Bösen. Wenn ich sie in mein Leben hineingelassen habe, wirkt sie durch mich auch auf andere Menschen. Das wird deutlich, wenn ich meine Untreue nicht mehr geheim halten kann. Dann setzt eine Dynamik ein, in der die destruktive Kraft des Bösen auf andere übergreift: Mein Partner fühlt sich verletzt, enttäuscht, verraten, missbraucht in seinem Vertrauen. Damit unmittelbar verbunden sind Gefühle von Verzweiflung, von Wut und Hass, die sich in aggressiven Worten und Taten gegen mich äußern. Das löst wiederum bei mir eine entsprechende Reaktion aus. Wenn ich mich von dieser Spirale des Bösen überwältigen lasse, kommt leicht zusätzlich ein Prozess der Selbstrechtfertigung in Gang: Kein Wunder, dass ich mich von meinem Partner abgewendet habe – wie viele Enttäuschungen hat es in der Vergangenheit gegeben, wie oft hat er mir Unrecht getan, mich nicht verstanden, mich vernachlässigt! Der Graben vertieft sich, es geht gar nicht mehr um eine einzelne Verfehlung, sondern es geht um alles. Alles fällt in Scherben.

Ein Beispiel für ein Geschehen, das sich analog ungezählte Male in den persönlichen Beziehungen und auch im gesellschaftlichen Leben vollzieht. Diese Kraft des Destruktiven durchzieht unser Leben und unsere Gesellschaft. Sie bedroht uns alle. In Aktion und Reaktion breitet sie sich immer weiter aus als das Böse, das fortzeugend Böses aus sich heraussetzt. Das geschieht nicht nur in primitiven Gesellschaften, die von der Blutrache beherrscht werden; nur wenig eingehegt wirkt diese Dynamik unter uns allen und alltäglich.

In diesem allgegenwärtigen Prozess ist es allein Vergebung, die heilend wirken kann. Deshalb kann man sie nicht hoch genug schätzen. Wir bleiben bei unserem Beispiel: Ein erster Beitrag zur Versöhnung ist es, wenn ich um Verzeihung bitten kann. Das ist nicht einfach, auch wenn mir eigentlich ganz klar ist: Ich allein bin schuld. Denn ich muss persönlich hinstehen, kann mich nicht verstecken hinter Argumenten wie: Die Umstände haben mich dazu getrieben, die vergangene Geschichte unserer Beziehung ist mitverantwortlich. Nein, ich selbst muss für das einstehen, was ich getan habe, und es als das bezeichnen, was es ist: Unrecht, Verfehlung, Schuld. Ich allein bin verantwortlich. Ich muss entschlossen und offen eine Kehrtwendung vollziehen und darf die Dynamik nicht weiter befeuern.

Hier wird deutlich, warum die Bitte um Vergebung auch bei alltäglichen Verfehlungen Überwindung erfordert. Ich werde dabei an meine Verantwortung erinnert: Ich habe das Böse ins Werk gesetzt und damit eine Dynamik des Bösen in Gang gebracht. Es liegt ebenso in meiner Verantwortung, diese Dynamik zu unterbrechen.

Wenn ich um Vergebung bitte, verzichte ich darauf, diese Dynamik weiter zu befeuern, etwa durch Vorwürfe, die ich dem andern mache - dadurch würde ich versuchen, mir Erleichterung zu verschaffen, indem ich die destruktive Kraft auf ihn abwälze. Nein, ich lasse sie bei mir, schaue ihr ins Gesicht, nehme sie als meine Verfehlung an und lasse zu, dass sie mich beschwert, in Scham und in Reue. Das ist unangenehm und nicht einfach, weil ich meine Bosheit sehen und aushalten muss.

Und was passiert auf der anderen Seite des Ehebruchs, wenn ich betrogen wurde?

Wenn sich bei mir - verständlicherweise - Hass, Wut und Vergeltungsgedanken breitmachen, ist es die Kraft des Bösen, die mich erfüllt. Sie drängt mich dazu, sie mir zu eigen zu machen, selbst im Geist des Bösen zu reagieren und dem anderen schaden zu wollen. Das würde mich erleichtern, mir Genugtuung verschaffen: Ich gebe das Böse, das mir angetan wurde, dem Schuldigen wieder zurück. Das scheint eine natürliche Konsequenz zu sein und fühlt sich erst einmal gut an.

Der angedeutete Prozess der Vergebung aber geht anders. Auch hier gilt: Ich übernehme bewusst Verantwortung dafür, wie ich reagiere, was ich tue. Ich nehme das Böse, das mir der Schuldige zugefügt hat, an. Ich spüre die negative Energie von Hass und Wut und lasse sie bei mir, gebe sie nicht weiter, um sie loszuwerden. So wirkt sie sich in mir aus, in meinem Körper, in meinen Gedanken und Gefühlen. Man könnte sogar sagen: Ich liefere mich dieser destruktiven Kraft aus, bis sie sich von selbst totgelaufen hat. Ich gebe ihr keine neue Energie dadurch, dass ich sie mir zu eigen mache und sie selbst aktiv weitertreibe. Das ist schwer und anspruchsvoll, braucht Standfestigkeit und Vertrauen! Aber nur so kann Vergebung von innen heraus möglich werden. Nicht nur leide ich Schmerzen durch die böse Tat, ich lasse die negative Energie sich in mir auch weiter auswirken in negativen Gedanken von Rache, Vergeltung, Verzweiflung, in der ganzen Palette von Emotionen, die damit verbunden sind. Sie kommen. Sie sind da. Ich halte das aus, ohne es nach außen weiterzugeben. Ich umfasse es mit meinen Kräften der Akzeptanz und Achtsamkeit und kann dabei zuschauen, wie es schwächer wird und immer mehr zurücktritt. Eine sehr anspruchsvolle Aufgabe, aber, vom Ergebnis her gesehen, auch eine faszinierende Erfahrung!

Wer vergibt, befolgt eine Weisung Jesu aus der Bergpredigt: „Ihr sollt euch dem Bösen nicht widersetzen!“ (Matthäus 5,39). Ein radikales Gebot, das oft relativiert oder als völlig weltfremd oder gar schädlich abgelehnt wird – in bestimmten Situationen aus gutem Grund, wenn wir etwa an den Widerstand gegen Hitler denken. Doch obwohl das Gebot extrem ist, wird es in gewisser Weise in jedem Akt der Vergebung befolgt. Ich verzichte darauf, mich dem Bösen zu widersetzen, ihm aggressiv zu begegnen, weil es dadurch weitergeführt würde. Stattdessen nehme ich es in der Vergebung auf mich. Das ist ein zentraler Aspekt der meditativen Übung: Was immer kommt, nehme ich an. Ich verzichte also darauf, zu reagieren, mich zu widersetzen, es weiterzugeben. Vielmehr wende ich mich dem allen zu und akzeptiere es und lasse es in mir wirken, ohne es wegzudrängen. Dabei nehme ich wahr, was es ist, wie es in mir und auf mich wirkt, wie es sich verändert und schließlich vergeht – nicht ohne früher oder später wiederzukehren. Je mehr Bekanntschaft ich damit mache, desto vertrauter wird es mir, und ich kann es immer mehr annehmen. Der Impuls, sich zu widersetzen, wird geringer. Genau das ist der Prozess der Vergebung.

Vergebung ist nicht nur in den eher seltenen ernsten Krisenmomenten des Lebens gefragt, wie das Beispiel der Untreue in engen Beziehungen das nahelegen könnte. Sondern auch in den vielen kleinen Störungen des Alltags, in denen sich der Vorgang des Vergebens nicht so dramatisch vollzieht wie eben geschildert.

*Thomas Ulrich:* Bin ich zum Beispiel als Radfahrer in der Stadt unterwegs, komme ich ständig in Situationen, in denen ich durch die Schuld oder Unachtsamkeit anderer gefährdet oder zumindest in meinem Recht eingeschränkt werde: Ein Auto biegt kurz vor mir nach rechts ab, ein Smartphone-Benutzer wandelt traumverloren mitten auf dem Radweg, ein Lieferwagen versperrt die Radspur und zwingt mich zum riskanten Ausweichen auf die Straße. Bei all dem bemerke ich in mir den Keim zu einer aggressiven Reaktion; manchmal lasse ich mich davon auch überwältigen. Aber im Allgemeinen setzt die negative Energie solcher Vorfälle sich nicht in mir fest, sondern fließt gleichsam durch mich durch und verschwindet – ein selbstverständlich gewordener Vorgang der Vergebung, der, so unscheinbar er auch ist, unser Zusammenleben erst ermöglicht.

Der Grundvorgang, auf den Vergebung antwortet, ist allgegenwärtig. Ständig wirkt das Böse, das Lebensfeindliche auf mich ein: in den Nachrichten aus der Welt der Politik, in alltäglicher Rücksichtslosigkeit, in gedankenloser Missachtung und Missverstehen, in Gleichgültigkeit. Man ist fast versucht zu sagen: Jeder Moment ist davon durchzogen. Das ist an sich schon ungut. Wahrhaft gefährlich aber ist daran, dass dieses Wirken des Bösen mich in seinen Bann ziehen will, darauf so zu reagieren, dass das Lebensfeindliche sich fortsetzt: Auf Misstrauen reagiere ich mit

Misstrauen, auf Gleichgültigkeit mit Abwendung, auf Rücksichtslosigkeit reagiere ich aggressiv. Will ich diesem Bann nicht erliegen, muss ich ständig in einem ganz elementaren Sinn Vergebung üben. Die Grundübung des Lebens, könnte man sagen! Das, worum es überhaupt geht. Kein Wunder, dass es im Vaterunser so prominent angesprochen wird!

> Der bekannte Meditationslehrer und Autor Stephen Batchelor, den man als „Reform-Buddhisten" bezeichnen könnte, hat die hier besprochene Aufgabe, ohne sie als Vergebung zu identifizieren, als ein Verhalten der Reaktivität beschrieben, das durch meine Bemühung zu einem „Ende der Reaktivität" werden kann, „was gleichbedeutend ist mit Nirvana, dem Todlosen und Nicht-Bedingten" *(in: Jenseits des Buddhismus. Eine säkulare Vision des Dharma, Berlin 2017, S. 189).* In buddhistischer Ausdrucksweise kann man die Bedeutung von Vergebung nicht höher schätzen!

Vergebung lässt das Leben weitergehen – Vergebung schafft neues Leben. Das gilt alltäglich und es hat eine sehr tiefsinnige Bedeutung. Immer wieder hören wir von Zeitgenossen, wie sehr sie sich grämen über eigene Defizite, die sie das Leben nicht genießen lassen, über ihr Unglück, über erstrebenswerte Fähigkeiten, die sie nicht entwickeln konnten. Fragt man genauer nach, woran das liegt, folgt oft eine lange Litanei: Mein Vater hat sich nicht gekümmert, meine Mutter hat mich moralisch drangsaliert, mir alle spontane Lebensfreude ausgetrieben – immer dasselbe, in endlosen Nuancen und Wiederholungen. Obwohl der Mensch älter geworden ist, hängt er noch immer im längst Vergangenen fest und lässt sich davon bestimmen. Vergeben zu können, könnte in dramatischer Weise einen Neuanfang bringen. Ich erkenne dann: Das Alte ist vergangen, ich lebe jetzt. Und ich kann mich fragen, wie ich heute mein Leben gestalten, welche Fähigkeiten ich jetzt erwerben und welche verschütteten Ansätze ich neu kultivieren könnte. Ein ganz neues Lebensgefühl entsteht!

Die Frage nach der Schuld und dem Umgang mit ihr ist somit – zumal für ein kontemplatives Leben – eminent wichtig. In der christlichen Tradition hat Vergebung eine epochale Bedeutung bekommen; sie wird ins Zentrum gerückt. Vergebung ist hier gleichbedeutend mit Erlösung und Befreiung. Warum ist das so? Das christliche Zentralsymbol ist das Kreuz. Es erinnert an den Tod Jesu. Der Tod ist auch und gerade in dieser Geschichte mit Schmerz, Qual und Dunkelheit verbunden. Und doch ist das Kreuz ein Zeichen des Heils, der Wendung zum Guten. Im Leben Jesu wirkte die Kraft des Guten. Er hat nicht nur Nächstenliebe gepredigt, sondern sie auch gelebt. Er hat sich hilfreich den Armen, den Kranken, den Ausgegrenzten und Verachteten zugewendet und dadurch Unbarmherzigkeit und Starrheit entlarvt. Er hat den hilfsbedürftigen Einzelnen über gesellschaftliche und religiöse Regelsysteme gestellt. Das widersprach dem dogmatischen Denken vieler einflussreicher Zeitgenossen. Deren tödliche Feindschaft zog er bald auf sich. Ein bedrückendes Beispiel dafür, dass auch die Kraft des Guten das Böse aktivieren kann.

Niemand lässt sich gern einen Spiegel vorhalten! Jesus hat sich nicht davon beirren lassen, er hat aber auch dem Bösen nicht so widerstanden, dass er Böses mit Bösem vergolten hätte. In letzter Konsequenz hat diese Feindschaft Jesus ans Kreuz gebracht; hier wurde deutlich, was sein ganzes Leben ausgemacht hatte: Er gab das Böse, das ihm angetan wurde, nicht weiter, sondern nahm es auf sich. Hätte er es weitergegeben, dann hätte das womöglich in der damaligen Situation in Israel zur Rebellion, zu einem Aufstand mit großem Blutvergießen geführt. Er hat darauf verzichtet, und die destruktive Kraft hat sich an ihm totgelaufen. Er hat das Tödliche nicht von sich abgewendet, indem er es in Hass und Vergeltungsabsicht auf Andere gelenkt hätte – so hat es ihm selbst den Tod gebracht. In seinem dem Gebetsruf am Kreuz kommt diese Haltung zum Ausdruck: „Vater, vergib ihnen, denn sie wissen nicht, was sie tun!“ (Lukas 23,34).

Seine Feinde unterlagen dem üblichen Irrglauben, alles werde gut, wenn man den Anführer der falschen Richtung beseitigt. Die gesamte Weltgeschichte ist ein einziges Zeugnis dieses Irrtums, bis in unsere Tage – blutige Kriege waren und sind die Folge. Jesus ist dem Denken, das sich darin manifestiert, nicht gefolgt. Im Tod Jesu, so haben es die ersten Christen verstanden, fand die Macht des Bösen ein Ende. Deshalb ist das Kreuz paradoxerweise ein Zeichen des Lebens und der Befreiung. Die Botschaft des erneuerten Lebens, der Auferstehung, hat hier ihre Wurzel.

Vergebung ist also die Praxis des Lebens. Sie schafft immer wieder einen neuen Anfang und lässt das Leben weitergehen. So ist es nicht übertrieben zu sagen: Sie ist die fundamentale Übung eines meditativen Lebens. Alles, was wir bislang über die Meditation sagten, sind auch Aussagen über die Praxis der Vergebung. In dieser Praxis sind wir ganz präsent und nehmen an, was immer kommen mag - immer aufs Neue!

Deshalb gibt es keine Grenze für Vergebung; sie hat kein Ende. Als Jesus von Petrus gefragt wurde, wie oft er vergeben müsse - vielleicht siebenmal - antwortete Jesus: Nein, „nicht siebenmal, sondern siebzigmal siebenmal“ (Matthäus 18,21f), also immer wieder. Denn wir sind immer darauf angewiesen, dass das Leben weitergeht.

# 12
# Handeln aus dem Geist der Meditation

Es ist sinnlos, täglich zu meditieren und gelegentlich zu beten, wenn diese Praxis keine Auswirkung auf den Rest des Tages hat. Alle spirituellen Traditionen sind sich einig: Die Übung muss das Leben durchdringen. Auch wenn sie selbst nur einen geringen Teil des Tages ausfüllt: Der Meditierende, der Beter muss sich darum bemühen, dass der Geist der Kontemplation im Alltag spürbar wird. Viele haben ein feines Gespür dafür, wie fragwürdig es ist, wenn jemand nur in die Kirche rennt, im Alltag aber lügt, betrügt und hartherzig ist. Dann stimmt die ganze Sache nicht!

Deshalb ist im Buddhismus die Meditation eingebettet in einen Übungsweg, der zentrale Aspekte des Lebens zum Gegenstand hat, in den „Achtfachen Pfad". In der Lehre Jesu gibt es keinen ausgefeilten Übungsweg, der das gesamte Leben umfasst. Doch auch hier steht das Gebet nicht an erster Stelle, sondern es ist integriert in den Zusammenhang der Zehn Gebote, die das tägliche Verhalten regeln, und in einen Lebensstil, der von der Liebe, nicht zuletzt der gegenseitigen Liebe geprägt ist. Auf die Frage eines Mannes: „Meister, was soll ich tun, damit ich das ewige Leben ererbe?", antwortet Jesus mit dem Hinweis auf die Gebote (Markus 10,17ff). Ihr Sinn ist die Gottes- und die Nächstenliebe (Matthäus 22,36ff). Das ist zwar keine ausgeführte Anleitung, wie man seinen Alltag gestalten soll, doch die Grundlage jeglichen Handelns muss die Liebe sein, das betont auch Paulus (1. Kor 13). Das Gebet fügt sich in diesen Zusammenhang ein.

## Eine biblische Anweisung zu einem spirituellen Leben: Großzügigkeit – Gebet – Askese

Über diese Hinweise hinaus gibt es in der Bergpredigt eine detailliertere Anweisung für ein wahrhaft spirituelles, ein frommes Leben. Sie umrahmt den Abschnitt über das Beten, in dem wir das Vaterunser finden. Vorher spricht sie über das Geben von Almosen, abschließend dann über das Fasten. Wir fassen diese Anweisungen grundsätzlicher, als sie hier formuliert sind. Zu einem spirituellen Leben gehört demnach die Trias: Großzügigkeit, Beten, Askese (Matthäus 6,1–18). Damit ist eine Lebensgestaltung benannt, die nicht nur im Christentum größte Bedeutung hat, sondern auch in vielen anderen Traditionen. Ein Grund mehr, sie näher zu betrachten.

Zunächst die *Großzügigkeit*. Geschichten, die von dieser Tugend erzählen, durchziehen die Bibel und von da aus die jüdische und die christliche Tradition. Aber auch vom Buddha wird berichtet, er habe Großzügigkeit für ein noch wirksameres Mittel gehalten, zur Vollkommenheit zu gelangen, als die Übung der Meditation. Denn wenn ich großzügig bin, steht das eigene Ich nicht im Zentrum, sondern tritt zurück. Wer großzügig ist, weiß: Alles, was ich habe, stammt nicht von mir. Ich habe es selbst empfangen und kann es deshalb weitergeben.

Ein Missverständnis lautet: Großzügigkeit muss ich mir leisten können; wenn ich arm bin, muss ich meine Sachen zusammenhalten. Großzügig kann ich jedoch nicht nur mit Geld sein, sondern auch mit Zeit, mit Ideen oder mit Kraft. Und ich kann großzügig denken. Großzügigkeit ist deshalb so wichtig, weil sie eine fundamentale Lebenshaltung ist, die sich in allen Facetten meines Lebens konkretisieren kann. Wenn ich großzügig bin, verwirkliche ich Freiheit: Ich löse mich von einer allzu engen Bindung an meinen Besitz, an meine Pläne und sogar an meine Denkweisen und persönlichen Überzeugungen. Es ist also eine Haltung, die einem Haupt-Wort spiritueller Tradition entspricht, dem „Loslassen", dem „Lassen", und die dieses in die Tat umsetzt. Weil Großzügigkeit sich überall konkretisieren kann, muss ich selbst herausfinden, welches meine Möglichkeiten sind, großzügig zu leben.

Hier einige Anregungen, um Großzügigkeit im Alltag zu üben:

- *Nehmen Sie das Thema Großzügigkeit mit in Ihre Meditation und gehen Sie großzügig mit sich selbst um, wenn die Meditation Ihren Vorstellungen nicht entspricht.*

- *Wenn jemand Sie um etwas bittet, achten Sie auf Ihre Reaktion. Wenn sie ablehnend ist, prüfen Sie, ob sie in Ihrer Situation realistisch ist oder ob sie einer engen Vorstellung über Ihr Leben entspringt; falls ja, könnten Sie Ihre Vorstellung weiten. Wenn Sie der Bitte nachkommen möchten, prüfen Sie, ob Sie wirklich leisten können, worum Sie gebeten werden, oder ob Sie nur Angst haben, nein zu sagen. Welcher Grad von Großzügigkeit ist für Sie in diesem Moment realistisch?*

- *Können Sie die Unterbrechung Ihrer Aktion durch andere annehmen, sogar willkommen heißen?*

- *Wenn Sie aus dem Haus gehen, nehmen Sie Münzen mit und gewöhnen Sie sich an, den Bettlern und Obdachlosen, die die Hand aufhalten, etwas zu geben.*

- *Wenn Sie auf Meinungen und Verhaltensweisen treffen, die Sie befremden, versuchen Sie, großzügig damit umzugehen.*

- *Erlauben Sie sich selbst immer wieder, Ihren eigenen Erwartungen nicht zu entsprechen. Prüfen Sie, worin Großzügigkeit Ihnen selbst gegenüber jetzt bestehen könnte: Sollten Sie sich erlauben, mehr Zeit zu verschwenden, mit Freunden und Bekannten zusammen zu sein, etwas zu tun, was andere nicht gut finden? Sollten Sie sich vielleicht öfter mal etwas gönnen? (In Frankreich sagt man augenzwinkernd: „Spare nie am Luxus!“)*

Über den zweiten Punkt der Trias, das **Beten**, haben wir in Kapitel 7 bereits ausführlich gesprochen, sodass es hier genügen kann, einiges kurz in Erinnerung zu rufen:

- Im Inneren Gebet nehme ich eine Beziehung auf zu jener geheimnisvollen Kraft, von der wir alles empfangen: zu Gott als der Quelle des Lebens. Er ist unverfügbar, aber immer ist er da, wie die Luft, die wir atmen. Ehrfurcht und Vertrauen sind die entsprechenden Haltungen.
- Im freien Gebet bringe ich mich ganz persönlich ein mit meinem konkreten Leben: Hier ist Raum für den Dank, aber auch für Klage und Bitte – wiederum in Ehrfurcht und in einem tiefen Vertrauen, das frei von der Verhaftung an eigene Wünsche sagen kann: „Dein Wille geschehe!" Solches Beten lebt ganz aus dem Hören, aus dem Empfangen – und überführt die Haltung der Meditation in die Konkretion des alltäglichen Lebens.
- Für das vorformulierte oder gebundene Gebet hat Jesus uns im „Vaterunser", das bei Matthäus in der Bergpredigt steht, ein eindrückliches Beispiel gegeben. Aus seinen Bitten spricht die menschliche Bedürftigkeit, vor allem aber ein abgrundtiefes Vertrauen.

So fügt sich die Übung des Gebets in seinen verschiedenen Formen in eine meditative Lebensform ein; es kann von Meditationsübungen profitieren und diese seinerseits stützen und weiterführen. Die verschiedenen Übungsweisen gegeneinander auszuspielen, wäre wie gesagt unsinnig.

Der dritte Punkt ist die Übung der *Askese*, des Verzichts. Die Askese hat in allen spirituellen Übungswegen eine große Bedeutung. Besonders bekannt ist die Übung, auf Essen und Trinken zu verzichten, also das Fasten. Heutzutage gehört das in jeden Gesundheitsratgeber. Hier geht es jedoch nicht um Gesundheitstipps, sondern um eine geistige Übung – darum geht es auch in Matthäus 6,16–18. Dort wird jedoch nicht ausgeführt, wie es sich im Einzelnen gestalten soll. Das kann sehr unterschiedlich sein: Wer einen traditionellen Vipassana-Retreat in mönchischer Tradition mitgemacht hat, weiß, dass ab mittags 12 Uhr nichts mehr gegessen wird. Es gibt die christlichen Fastenzeiten vor Ostern oder in der Adventszeit, in denen kein Fleisch gegessen und kein Alkohol getrunken werden soll. Der Islam kennt den Fastenmonat Ramadan, in dem zwischen Sonnenaufgang und Sonnenuntergang nicht gegessen wird. Darüber hinaus zählen auch der Verzicht auf Besitz, sexuelle Enthaltsamkeit und manches mehr in den Klöstern vieler Religionen zur Askese. Sie ist eine wichtige Praxis der Geistesschulung: Ich lerne, frei zu werden von Wünschen und Begierden, die mich oft genug beherrschen. Weil es, recht verstanden, dabei um Freiheit geht, hat diese Übung auch heute noch eine große Bedeutung. Es handelt sich dabei um ein anspruchsvolles Training. Darum ist es eine große Hilfe, wenn man die Verzicht-Übung in einer Gemeinschaft durchführen kann, als einer unter vielen, die sich gegenseitig unterstützen und inspirieren. In unserem Kulturkreis war es noch sehr viel einfacher, als nahezu alle Menschen sich als Christen verstanden und das ganze Gemeinwesen die Fastenzeiten einhielt. Heute muss man sich individuell dazu entschließen. Dafür einige Ratschläge:

- *Wenn Sie sich zur Meditation hinsetzen, seien Sie sich bewusst, dass bereits dies ein Akt des Verzichts ist: Sie verzichten auf Aktion, darauf, etwas erreichen zu wollen, etwas Ihnen Wichtiges zu verwirklichen.*

- *Prüfen Sie sich, ob es etwas gibt, von dem Sie in Ihrem Leben abhängig geworden sind. Können Sie eine Zeit lang darauf ganz oder partiell verzichten (zum Beispiel Rauchen, Alkohol, Süßigkeiten)?*

- *Achten Sie auf starke Regungen, die Sie zu bestimmtem Handeln drängen (zum Beispiel Mails checken, ausgehen, etwas nicht Lebensnotwendiges kaufen). Was passiert, wenn Sie diesen Regungen widerstehen?*

- *Überprüfen Sie Ihr Essen und Trinken und suchen es zu vereinfachen und zu reduzieren. Gibt es Überflüssiges? Eine klassische Übung ist der Verzicht auf Fleisch.*

- *Sagen Sie gelegentlich nein zu Angeboten und Verabredungen.*

- *Verzicht kann auch darin bestehen, Geld und Zeit mal nicht für sich selbst, sondern für andere zu verwenden. Nehmen Sie solche Möglichkeiten wahr, wenn sie sich bieten!*

- *Verzicht ist oft schwer. Es gibt aber auch die Erfahrung, dass er ein Gefühl von Freiheit gibt. Seien Sie aufmerksam für solche Regungen!*

- *Nehmen Sie sich nicht zu viel vor. Gehen Sie barmherzig mit sich um, wenn Sie manches nicht lassen können.*

- *Prüfen Sie Ihre Geisteshaltung: Wenn Sie ein Mensch sind, dem es schwerfällt, das Leben zu genießen, dann ist Askese im Sinne von Verzicht möglicherweise nicht angebracht. Dann sollten Sie sich eher etwas gönnen, was Sie sich ansonsten verbieten.*

Almosen geben, Gebet, Fasten oder weiter gefasst: Großzügigkeit, Beten, Verzicht: Das, so lesen wir in der Bergpredigt, macht Frömmigkeit aus. Es sind zentrale Übungen im spirituellen Leben. Sie sind unterschiedlich, denn sie lenken den Blick jeweils auf eine andere Beziehung: Großzügigkeit richtet sich auf die menschlichen Gemeinschaft, das Gebet wendet sich dem Du Gottes zu, vor dem wir stehen, und Verzicht richtet sich auf das Ich, auf die eigene Person.

Theologisch kann man sich hier erinnert fühlen an ein zentrales Denkmuster der Theologie Luthers, das mit dem Wort coram („vor", „im Angesicht von") bezeichnet ist (den Hintergrund dieser Denkstruktur entfaltet Gerhard Ebeling in seinem Buch: *Luther. Einführung in sein Denken, Tübingen 1964, S. 219ff*). Der Mensch ist nach Luther ein Wesen, das in Beziehungen lebt, nämlich:
- *coram Deo* (im Angesicht Gottes),
- *coram mundo* oder *coram hominibus* (vor der Welt oder vor den Menschen) und
- *coram me ipso* (vor mir selbst).

Diese Beziehungen machen unser Leben aus. Vor den Mitmenschen, vor Gott und vor mir selbst muss ich mich verantworten. Deshalb sind die drei Übungsbereiche, die uns in Matthäus 6 aufgegeben werden, umfassend, können gar nicht weit genug gefasst, müssen ganz grundsätzlich verstanden werden. Es sind nicht partikulare Übungen, sondern die drei Lebensaufgaben, vor denen wir alle stehen.

So weit gespannt damit der Horizont ist, so sehr geht es in dem allen doch immer darum, dass das Ich mit seinen Wünschen, Vorstellungen und Bedürfnissen zurücktritt. Deutlich wird das vor allem in der Askese. Hier gilt es, sich selbst zurückzunehmen und zu zähmen. Ich verzichte auf Dinge, an die ich mich gewöhnt habe, die zu meinem Leben gehören und auf die sich Wünsche und Begierden richten. Ich beschränke mich, werde „weniger". Aber auch zur Großzügigkeit gehört das Zurücktreten des Ichs. Man kann Askese als Voraussetzung für Großzügigkeit verstehen, denn ich kann nur geben, was ich nicht schon für mich verbraucht oder reserviert habe. Je großzügiger ich werden möchte, desto mehr muss ich selbst Verzicht üben. Hinzu kommt das Gebet, es ist die vollkommene Übung der Ichlosigkeit, wenn die zentrale Bitte lautet: „Dein Wille geschehe!": Ich überlasse mich ganz Gott, von dem ich alles erwarte.

Ichlosigkeit ist die Kehrseite dessen, dass der Mensch ein bedürftiges Wesen, dass er in seinem Kern abhängig ist. Bedürftig sein bedeutet ja: Aus mir selbst heraus kann ich nicht leben. Das, was ich bin, was meine Person ausmacht, habe ich empfangen. Im Ich-Gedanken beanspruche ich für mich, was mir eigentlich gar nicht gehört. Wenn ich mich in der spirituellen Übung darum bemühe, das Ich zurücktreten zu lassen, erkenne ich an, was der Mensch eigentlich ist: abhängig, bedürftig, aus dem Empfangen lebend. Das ist der Kern der Sache: Nicht um eine Abwertung geht es, sondern um das Bewusstsein, dass alles *gegeben*, dass alles Geschenk ist. Nicht um ein Weniger an Leben, sondern um ein Leben aus der Quelle des Lebens und in Verbindung mit ihr, um das Eins-Sein: „Du in mir - ich in dir", um den Einklang und Zusammenhang mit allem.

## Meditative Tugenden für das Handeln im Alltag

Meditation ist eine Übung, die in einem abgesonderten Raum stattfindet, getrennt von meinem alltäglichen Leben. Nur so kann ich die nötige Sammlung erreichen. Besonders deutlich wird das, wenn ich an einem Retreat teilnehme: Ich verabschiede mich dazu von meinem normalen Leben und fahre in ein „Haus der Stille", vorzugsweise auf dem Land. Es ist eben ein Retreat, also ein Rückzug aus dem turbulenten Alltag. Dennoch übe ich da Verhaltensweisen, die wichtig sind für mein Handeln in allen Bereichen. Erst wenn ich sie in meinen Alltag zu übertragen versuche, kann die Meditation zu ihrem Ziel kommen, mein Leben zu verwandeln. Ohne diese Anbindung an den Alltag bin ich in Gefahr, ein „Meditations-Junkie“ zu werden, der von Retreat zu Retreat reist und dort äußerst eifrig übt. Wieder zu Hause, hat er aber schon bald wieder das Verlangen nach der „Retreat-Droge“, weil er es nicht schafft, die Kluft zwischen Meditation und Alltag zu schließen.

Dabei greifen Meditation und Alltag ineinander. In der Meditation übe ich Verhaltensweisen, die ich auch alltäglich anwenden kann. Das hebt die Kluft zwischen Kontemplation und Aktion auf.

Wir weisen auf drei Gesichtspunkte hin: Offenheit, Feindesliebe, Annehmen.

Erinnern wir uns: Die Hauptaufgabe, der wir uns in der Achtsamkeitsmeditation stellen, ist die Achtsamkeit auf jeden einzelnen Moment. Wir wenden uns ihm zu; ohne Plan, ohne Wunsch sind wir einfach da, „just be“, offen für alles, was da kommen mag, und lassen das auf uns wirken, ohne gleich zu reagieren oder uns in Gedankenspiralen über alles Mögliche und über das, was gerade geschieht, zu drehen. Vielmehr wenden wir uns allem zu, was auch immer auftauchen mag, ob es uns gefällt oder nicht. Wie das gehen kann, dazu gab uns das Kind von Freunden ein wundervolles Beispiel (s. S. 44). Diese ***Offenheit***, dieses unvoreingenommene Interesse an den Dingen – „Erst mal schauen!“, nichts tun – ist es, was kleine Kinder auszeichnet, was wir von ihnen lernen können. In der Meditation sehen wir deutlich, wie schwierig es ist, diese Offenheit durchzuhalten und nicht gleich auf alles zu reagieren. Diese Reaktivität ist uns fast zur zweiten Natur geworden – in der Stille der meditativen Übung kann man das sehr gut erkennen.

Die Zuwendung zu den Phänomenen in der Meditation ist nicht ein neutrales, kühles Konstatieren, sondern eine vorbehaltlose Offenheit, Hinwendung und Bereitschaft zu akzeptieren, dass das jetzt gerade eben so ist, wie es ist, auch wenn es unangenehm, schmerzlich, gar lebensfeindlich ist. Ein immer aktuelles Beispiel ist der Umgang mit Krankheit: Ist einzig und allein ein aggressiver Umgang damit angesagt, soll sie einfach nur eliminiert werden? Oder kann sie uns auf etwas aufmerksam machen, gibt es eine andere Möglichkeit, mit ihr umzugehen?

An ein biblisches Motiv anknüpfend wird in solchem Zusammenhang auf die ***Feindesliebe*** als Mittel der Wahl hingewiesen. Doch wie sieht es damit aus? Kann man sie auch in der Meditation üben? Sie begegnet hier im Umgang mit den „Hindernissen der Meditation"; damit sind persönliche Zustände gemeint, die die Übung der Meditation unmöglich zu machen drohen.

*In der buddhistischen Tradition unterscheidet man fünf Hindernisse:*

- *Was mich anzieht (Wunsch, Habenwollen, Gier),*
- *was mich abstößt (Hass, Wut, Ekel),*
- *Schläfrigkeit,*
- *Rastlosigkeit und*
- *Zweifel.*

*Wir haben hier also mächtige Feinde der Meditation vor uns. Normalerweise wollen wir Feinde beseitigen. Wenn ich in der Meditation einschlafe, wird die Übung unmöglich. Ich versuche also, mich wachzuhalten, öffne die Augen, setze mich übertrieben gerade hin, stehe auf und meditiere im Stehen weiter. Der klassische Umgang mit den Hindernissen besteht aber darin, dass ich sie als das anerkenne, was sie sind: ein gegenwärtig vorherrschendes Phänomen, das ich annehmen und dem ich mich zuwenden kann. Schläfrigkeit beispielsweise ist ein komplexes und daher sehr interessantes Phänomen, das es verdient, näher untersucht zu werden. Wie fühlt sie sich körperlich an? Von wo im Körper geht sie aus? Welche Stimmungslage ist damit verbunden? Welchen Einfluss hat sie auf die Gedanken? Wenn ich diesen und anderen Fragen in meiner Achtsamkeit nachgehe, ist es möglich, dass ich sehr wach werde. Indem ich respektvoll, ja liebevoll mit dem Hindernis umgehe, verwandelt es sich (auf „magische" Weise) von einem Feind in ein Hilfsmittel der Meditation. Es wird zu einem spannenden Objekt der Betrachtung und verhilft mir damit zu der Präsenz, die ich zum Meditieren brauche.*

Feindesliebe scheint ein in sich unmöglicher Grundsatz zu sein, utopisch und zu viel verlangt. Kann der Gedanke daran mehr als eine Sentimentalität sein? Wenn ich den Umgang mit den Hindernissen immer wieder übe, wird mir jedoch klar: Feindesliebe kann praktikabel sein. Sie verwandelt auf jeden Fall meine Haltung in erwünschter Weise, gebietet ähnlich wie die Vergebung der epidemischen Ausbreitung des Bösen Einhalt. Dass sie auch den Feind ändert, ist nicht gesagt und sollte auch nicht die Absicht sein. Ganz unmöglich ist es aber nicht. Was ich in der Meditation übe, kann sich im Alltag fortsetzen.

In ähnlicher Weise gilt das auch für das ***Annehmen***. Es kennzeichnet die rezeptive Praxis der Meditation. Was immer kommt, nehme ich an. Ich will es nicht anders haben, ich verurteile es nicht, sondern möchte es als das begreifen, was es ist, ohne gleich mit „ja, aber" zu reagieren. Nur dann kann ich den gegenwärtigen Moment ernst nehmen, ohne mich in eine Alternative zu flüchten. Das wird vor allem aktuell, wenn ich mit Negativem konfrontiert werde, mit Hass, mit Wut, mit destruktiven Regungen - nicht nur in der meditativen Übung, sondern auch im Alltag.

*Thomas Ulrich:* Ein Beispiel. Ich fahre in der U-Bahn. Mir gegenüber sitzt ein Mann mit einem vielleicht sechsjährigen Jungen. Der Mann sieht schlecht aus: bleich, verkniffen, total genervt. Der Junge ist sehr lebhaft. Er hampelt auf seinem Sitz hin und her, fuchtelt mit den Armen, zeigt auf dies und das und kichert dabei. Der Mann brüllt ihn an, er solle ruhig sitzen. Einen Moment lang ist Ruhe, dann geht dasselbe Spielchen wieder los. Und wieder. Der Mann schüttelt den Jungen heftig. Der fängt an zu weinen. Der Mann steht auf, zieht den Jungen mit Gewalt hoch, stößt ihn zum Ausgang, sodass er fast hinfällt. Da hält der Zug und die beiden steigen aus. Eine brutale Szene. Ich kann sie kaum mit ansehen. Empörung und Wut steigen in mir hoch; ich „sehe rot". Es drängt mich, einzugreifen – zugleich ist mir klar: Gegen den Mann habe ich keine Chance. All das kann ich in dem Augenblick, in dem es geschieht, in mir wahrnehmen. Und es ist mir klar: In dieser inneren Verfassung kann ich einfach nichts Hilfreiches tun.

Später bespreche ich diese Szene mit einem erfahrenen Meditationslehrer. Er teilt meinen Eindruck, in der Situation nichts bewirken zu können, und sagt: „Erst wenn du klar sehen kannst, wie es dem Mann geht, und in einer Haltung von Mitgefühl das akzeptieren und dich ihm zuwenden kannst, bist du fähig, etwas zu sagen oder zu tun, was helfen kann."

Natürlich gibt es Situationen, die so bedrohlich sind, dass spontan gehandelt werden muss, ganz gleich, wie die Beziehung zwischen den Beteiligten aussieht. Aber wenn es darum geht, tiefergehend etwas zu erreichen, ist es entscheidend, auch das nicht Akzeptable erst einmal anzunehmen. Nur so kann ich dann in einem zweiten Schritt darauf einwirken. Sonst verstärkt meine Aggression nur die Wut dessen, der mir gegenübersteht.

## Handeln in kontemplativem Geist

Wenn ich kontemplativ lebe, wird das mein Handeln beeinflussen. Auch in diesem Zusammenhang spielt die meditative Einsicht eine Rolle, dass unsere Wahrheitserkenntnis stets im Fluss ist. Jetzt denke ich so und meine deshalb, unbedingt so und so handeln zu sollen. Das kann morgen schon ganz anders aussehen. Auch das Älterwerden spielt eine Rolle, um die Richtung meines Handelns zu verändern. Von George Bernard Shaw wird der Ausspruch überliefert: „Wer in seiner Jugend kein Sozialist ist, hat kein Herz – wer im Alter noch Sozialist ist, hat keinen Verstand." Auch wenn wir persönlich die Wahrheit dieses Satzes anzweifeln – dass die Perspektive des Denkens und Handelns sich verändert, steht außer Frage. Das zeigt gerade die meditative Selbsterforschung sehr deutlich.

Ich gewinne auch ein anderes Verhältnis zu meinem Handeln, wenn ich weiß: Ich kann Sünde und Schuld in meinem Leben nicht entgehen. Auch meine besten Absichten können katastrophale Folgen haben, die ich nicht voraussehen kann. Ich kann mein Handeln in all seinen Konsequenzen nicht steuern; auch hier bin ich abhängig von Kräften, die ich nicht in den Griff bekommen kann. Meine Taten sind nicht Taten eines autonomen Ichs und werden es nie sein. Vielmehr bin ich und erfahre ich mich in meinem Tun als vielfältig bedingt – in genau derselben Weise wie in Meditation und Kontemplation. Die „condition humaine" bleibt in beiden gleich.

Das Handeln wird, vor dem Hintergrund der vorstehenden Überlegungen, weniger selbstgewiss. Das muss und sollte nicht heißen, dass es auch weniger engagiert wird. Es wird vorsichtiger. Gerade wenn ich weiß, ich kann die Folgen meiner Handlungen nicht abschätzen, werde ich (vielleicht paradoxerweise) mir mehr Gedanken über diese Folgen machen. Ich werde mich mit meinen Gegnern (etwa im Raum politischen Handelns) ernsthafter und sachlicher auseinandersetzen, wenn ich weiß, dass sie letztlich richtiger liegen könnten als ich - auch in Fällen, in denen ich mir das aktuell überhaupt nicht vorstellen kann. Ich kann auch darüber nachdenken, ob es nicht manchmal heilsamer wäre, die Welt vor meinen Taten zu verschonen - also weniger zu tun, auch wenn mir eine Aktion dringlich erscheint.

Das bedeutet aber nicht unbedingt, dass ich weniger radikal und eingreifend handeln soll. Wenn es sich für mich ergibt, dass ein gegenwärtiges Elend an einer grundlegenden Fehlsteuerung liegt, werde auch ich ein grundsätzliches Umdenken propagieren, für radikale Maßnahmen eintreten. Zum Beispiel was die Naturzerstörung angeht: Wenn ich denke, dass die Profitorientierung der Wirtschaft Schritte zur Lösung grundsätzlich behindert, werde ich dafür eintreten müssen, auch die Wirtschaftsverfassung zu verändern, und in diesem Sinne politische Bewegungen unterstützen. Aber ich werde nicht in dem Sinne radikal sein, dass ich bestimmte Konzepte um jeden Preis durchzusetzen versuche. Vielmehr werde ich Schritt für Schritt prüfen, welche Folgen dieses Handeln hat – und mich dabei auch immer wieder von meinen Gegnern kritisieren lassen und Gegenargumente abwägen. Das gilt auch für abstrakte ethische Grundsätze, etwa das Prinzip der Gewaltlosigkeit. Ich kann wissen, dass es unter Umständen Gewalt geradezu einlädt und verstärkt. Auch wenn ich für mich entscheide, unter allen Umständen nach diesem Prinzip zu leben, werde ich denen, die anders leben, die Achtung nicht versagen können.

Das alles sind sehr allgemeine Aussagen – der Teufel steckt im Detail. Aber es sollte deutlich geworden sein: Unsere Überlegungen führen auch auf dem Feld des Handelns zu einem spezifischen Blick auf die Welt, zu einem besonderen Geist, der sich identifizieren lässt und konkrete Konsequenzen hat.

Ist es möglich, noch konkreter zu werden? Führt der Geist der Kontemplation nicht doch dazu, bestimmte Ziele des Handelns zu formulieren? Sicher müssen wir hier sehr zurückhaltend sein. Die Gefahr, eigene Lieblingsprojekte zur spirituellen Wahrheit aufzublasen, ist riesengroß. Trotzdem wollen wir einiges zu bedenken geben:

In einem kontemplativen Leben existieren wir aus dem Empfangen. Wir erfahren: Die Grundlage des Lebens ist uns gegeben, ist uns anvertraut. Wir können sie nicht schaffen. Dankbar und respektvoll nehmen wir sie entgegen. Damit ist gesagt: Sie ist nicht unser Besitz. Wir können sie nicht vereinnahmen, gewissermaßen privatisieren, nicht in Besitz nehmen und ausbeuten. Der kirchliche Slogan „Bewahrung der Schöpfung“ beschreibt diese Haltung zutreffend; daraus lässt sich eine Fülle konkreter Handlungsziele ableiten. Zwei Aspekte möchten wir besonders benennen:

- Die Erde ist unsere Lebensgrundlage. Wie die Bibel vom Menschen sagt: „Du bist Erde und sollst zu Erde werden“ (1. Mose 3,19). Wir leben von der Erde und gewinnen in Kontakt mit ihr unseren festen Stand. Der Mensch ist ein „Erdling“. Aus diesem Grund erscheint es widersinnig, wenn die Erde, in Form von Grund und Boden, zum Privateigentum wird und damit Geschäfte gemacht werden. Welche Probleme das aktuell verursacht, von der Landwirtschaft bis hin zum Wohnungsbau in den Metropolen, ist klar. Hier scheint, auch aus religiösen Gründen, Widerstand angesagt.

- Ähnliches kann man vom menschlichen Körper sagen. Er ist die uns gegebene Grundlage des Lebens. Hier geht es zwar nicht mehr darum, dass Körper gekauft und verkauft werden; heutzutage ist die Ökonomisierung des Gesundheitswesens, dass also mit der Sorge für die menschliche Gesundheit Profite gemacht werden, das Problem, gegen das wir nicht zuletzt von einer meditativen Einstellung aus tätig werden müssen.

Welche Maßnahmen auf diesem Gebiet helfen, darüber kann und muss man offenherzig streiten. Aber das sollte das gemeinsame Ziel nicht verdunkeln. Jedenfalls sollte klar werden: Was als eine Praxis des Einzelnen im „stillen Kämmerlein" beginnt, hat unter Umständen umstürzende gesellschaftliche Folgen!

# 13 Gemeinschaft

Wenn ich meditiere, wenn ich bete, bin ich bei mir und für mich. Ich als Einzelner bin es, der da „praktiziert". Nonnen und Mönche ziehen sich in ihre Klause zurück. Als Einsiedler zu leben, ist ein hohes und ein weitverbreitetes Ideal spirituellen Lebens, seit Jahrtausenden. Selbst Jesus, der nicht zum Leben im Kloster aufrief, sagte in seiner Bergpredigt: „Wenn du aber betest, so geh in dein Kämmerlein und schließ die Tür zu" (Matthäus 6,6). Also: Sei für dich!

Dennoch ist auch im geistlichen Leben, wie im menschlichen Dasein überhaupt, Gemeinschaft fundamental wichtig. Wir kommen nicht durch Versenkung in uns selbst zur spirituellen Praxis, wir brauchen Menschen, die uns anleiten, uns den Weg zeigen, Irrtümer korrigieren. Die Tradition ist wichtig, die großen Meister der Vergangenheit. Aber auch aktuell die Begegnung mit Erfahreneren, die wir fragen können, wenn wir nicht weiterwissen, die uns zurückholen können, wenn wir etwas falsch verstanden haben und dadurch in eine Sackgasse geraten sind.

Außerdem brauchen wir immer wieder Ermutigung. Ein kontemplatives Leben zu führen, ist ein anspruchsvolles Unternehmen. Es erfordert Disziplin und ist unbequem. Oft gehen wir durch Zeiten, in denen starke Zweifel uns entmutigen: „Es bringt alles nichts, es führt zu nichts!" Diesen inneren Stimmen kann ich als Einzelner nur schwer widerstehen. Es ist sehr hilfreich, manchmal sogar entscheidend, Teil einer Gemeinschaft zu sein, die mit mir zusammen auf dem Weg ist.

*Helga Ulrich:* Eine persönliche Erfahrung kann das verdeutlichen: Bei einem anspruchsvollen Langzeit-Retreat tauchten bald schon Schmerzen auf. Zunächst war es noch erträglich, dann aber steigerten sie sich enorm. Und sie waren direkt mit der Meditation verbunden: Stand ich nach der Stunde auf und bewegte mich ein wenig, waren sie wie weggeblasen – kaum saß ich fünf Minuten, kehrten sie zurück. Es war klar: Wenn ich die Übung weiterführen wollte, musste ich mich dem aussetzen. Ein Ende der Schmerzen gab es nur, wenn ich die Meditation aufgab. Für mich war es eine Herausforderung, die mich ans Ende meiner Möglichkeiten brachte. Ich war nahe dran aufzugeben. In dieser Situation war der Gedanke an unsere Meditationsgruppe entscheidend: Was sollte ich den Mitgliedern sagen, wenn ich sie wieder traf? Ich hatte den Eindruck, ich könnte ihnen nicht mehr unter die Augen treten, würde ich jetzt aufgeben. Die Erinnerung an diese Menschen hat wesentlich dazu beigetragen, dass ich durchhalten und sehr wichtige Erfahrungen machen konnte.

Nicht nur in solchen Ausnahmesituationen ist es wichtig, von einer Gemeinschaft getragen zu werden. Das kann ich auch alltäglich merken: Allein für mich zu meditieren, ist oft schwierig. Treffe ich mich dazu mit anderen, wird es sofort leichter. Ich kann mich besser konzentrieren, ich halte länger durch. Sicher gibt es Menschen, die jahrelang nur auf sich gestellt eine spirituelle Praxis aufrechterhalten, aber die meisten brauchen doch die Inspiration, die der Kontakt mit Gleichgesinnten gibt. Man kann sich gegenseitig beraten und ermutigen: Ich sehe, dass ich nicht allein bin, weder mit meinem Interesse noch mit meinen Schwierigkeiten. Und wenn die Lebensweise, die ich gewählt habe, der Art und Weise widerspricht, wie die meisten anderen leben, dann ist es besonders wichtig, Menschen mit der gleichen Überzeugung an meiner Seite zu wissen – und das auch real zu erleben, wenn ich sie sehe und mich mit ihnen austauschen kann.

Deshalb hat der Buddha immer wieder betont: Einen spirituellen Freund, einen Weggefährten zu haben, sei das Allerwichtigste auf diesem Pfad. Und für die ersten Christen war die Gewissheit grundlegend: Wir sind Glieder am Leib Christi. Als nur auf mich bezogener Einzelner kann ich nicht leben und muss es auch nicht.

Ohne die aus größerer Erfahrung erwachsende Autorität des Lehrers, ohne die Gemeinschaft aller, mit denen ich auf dem Weg bin, geht es also nicht. Die Frage ist nur, wie sich das konkret gestalten lässt. So wesentlich und so hilfreich das Zusammensein mit anderen ist, so problematisch ist es auch immer wieder. Wir denken dabei nicht an die Schwierigkeiten, die sich im Zwischenmenschlichen immer wieder ergeben: dass man sich nicht versteht, dass man von anderen enttäuscht wird, sich alleingelassen fühlt. Dem kann man nicht entgehen, damit muss man umgehen. Darüber hinaus aber gibt es das grundsätzliche Problem, dass sich im Laufe der Zeit soziale Strukturen herausbilden, die sich verfestigen. Vor allem an den traditionsreichen christlichen Kirchen kann man das hierzulande studieren. Das Problem haben aber auch kleinere spirituelle Bewegungen, deren Gemeinschaft über die direkte persönliche Begegnung hinausgeht. Bei den Großkirchen kann man den Eindruck haben, dass ein erheblicher Teil des vorhandenen Elans sich in den vielfältigen Aufgaben, die der Erhaltung der Institution dienen, verbraucht. Man kann die zahlreichen Kirchen und Kapellen aus vielen Jahrhunderten zum Beispiel nicht einfach verfallen lassen – oft sind sie aber gar nicht mehr für das aktuelle Gemeindeleben geeignet, legen sogar notwendigen Neuerungen Fesseln an. Die Schätze, die man ererbt hat, wollen geachtet und gepflegt werden, sind oft auch eine Inspiration, aber die Aufgaben, die daraus erwachsen, hindern auch daran, gegenwärtige Herausforderungen anzunehmen.

In Zeiten des Anfangs, des Aufbruchs ist das noch kein größeres Problem – so auch in der Meditations-Bewegung im Westen in der zweiten Hälfte des

20. Jahrhunderts. Sie lebte vor allem aus persönlichen Beziehungen und Begegnungen. Diese sind es, die für das spirituelle Leben wichtig sind, die man ermöglichen und um die man sich kümmern muss. Wird die Bewegung größer, entsteht zum Beispiel das Bedürfnis nach Häusern für die Übung, sind überpersönliche Strukturen unvermeidlich. Man muss jedoch darauf achten, dass sie sich nicht verselbständigen und ihre dienende Funktion verlieren. Sie dürfen kein Eigenleben entfalten, die Praxis selbst nicht einengen und normieren.

Besitz ist immer ein Problem. Ganz ohne Besitz ist es sehr schwer, für viele etwas zu bewirken: Wo können wir uns versammeln? Wo gibt es Orte, an denen man für längere Zeit kontinuierlich üben kann und dabei versorgt wird? Aber mit Besitz ist es eben auch schwierig, weil Besitz erhalten werden muss.

Das gilt nicht nur für materiellen Besitz. Auch der Umgang mit geistigen Gütern in einer Gemeinschaft schafft Probleme. Die Anleitung zu geistlicher Übung in Meditation und Gebet tendiert dazu, sich zu verfestigen: So musst du's machen, nicht anders! Wenn der Weg feststeht, gibt es auch Abwege, die in die Irre führen. Davor muss man warnen. Das muss man bekämpfen. So führt das Bemühen um eine fruchtbare Praxis unversehens zu einer Lehre, die ein Eigengewicht erhält – zu einem Rattenschwanz von Theorien wird. Diese Theorien sind oft interessant, sie fordern zu geistiger Auseinandersetzung heraus. Und schon stehen sie im Zentrum: Sie wollen geglaubt werden – und bald geht es dann im geistlichen Leben darum …

Die Konsequenz sind Dogmatismus, vielleicht gar Fanatismus: bekannte Abwege des Gemeinschaftslebens, die sich in allen spirituellen Traditionen beobachten lassen. Oft sind sie kaum zu vermeiden. Sie werfen zwar einen Schatten auf das Projekt der Gemeinschaft, aber sie müssen keineswegs tödlich sein. Im Gegenteil: Wenn wir sie als Herausforderung begreifen, können wir ganz wesentliche Erkenntnisse gewinnen über uns selbst und über die Menschheit. Auch sie sind ein wichtiges Feld für die meditative Achtsamkeit. Wenn wir es so ansehen, kann die Gemeinschaft, gerade in Fehlentwicklungen, in den Abwegen des sozialen Lebens, zu einem unerschöpflichen Feld von Einsicht werden und uns immer tiefer hineinführen in ein „Leben in der Wahrheit".

# Schluss

Viele Menschen leiden unter einem diffusen Unbehagen – auch wir kennen das gut. Mit diesem Hinweis haben wir unser Buch begonnen. Vor allem fehlen Klarheit und ein grundlegendes Einverständnis mit dem, was unser Leben ausmacht. Wie können wir das gewinnen?

Wir sind, um diese Fragen zu klären, einen ziemlich weiten Weg gegangen. Dabei haben sich auch Themen ergeben, an die man zunächst gar nicht denkt, wie Schuld, Sünde und Vergebung. Vor allem aber war es uns wichtig, geistige Übungen vorzustellen, die den Alltag durchdringen können und die sich in unserem Leben bewährt haben: die Achtsamkeitsmeditation und das Gebet. In ihnen zeigt sich, was Leben heißt. Was ich darüber denke, muss sich aus der praktischen Übung ergeben. Nur dann hat es Kraft und Bedeutung.

Deshalb haben wir eine Fülle von Übungen geschildert: Fünf Übungsweisen und eine ganze Reihe von geistigen Einstellungen, die man trainieren kann. So könnte leicht der Eindruck entstehen: Alles ganz schön und gut, aber damit bin ich total überfordert – schließlich habe ich noch anderes zu tun, will mein Leben nicht als Nonne oder Mönch verbringen! Das haben wir natürlich nicht im Sinn. Eigentlich geht es nur um eines: dass ich in Kontakt mit der spirituellen Übung bleibe. Dann geht die religiöse Lebenshaltung nicht verloren, die unseren Alltag durchdringen soll, die wir entwickeln wollen. Es bringt gar nichts, sich zu überfordern. Wenn mir alles über den Kopf zu wachsen droht, ist es besser, nur zehn Minuten zu meditieren als zu denken, ich müsste eigentlich 30 Minuten investieren – und dann, weil das nicht geht, gar nichts zu tun. Manchmal kann ich sogar den Eindruck haben: Es geht überhaupt nichts – auch dann kann ich gelegentlich wenigstens einen Moment innehalten und bewusst nichts tun, zum Beispiel nach dem Zähneputzen oder wenn ich auf der Toilette hocke. Und ein Stoßgebet, eine bewusste Hinwendung zu Gott oder das Wahrnehmen, wie mir der Atem geschenkt wird, geht immer.

Das Leben verkümmert, wenn ich ihm ein stures Übungsprogramm aufdrücke. Mit dem Leben selbst muss sich auch die Übung verändern. So bin ich mit meiner schöpferischen Kraft gefragt. Mal ist wenig möglich, mal kann ich mich ganz intensiv der Übung widmen. Auch die Weise, wie sie sich vollzieht, kann sich wandeln. Mal kann die Ruhe ganz im Mittelpunkt stehen, mal die wache Achtsamkeit oder auch die Aufgabe, eine Haltung des Interesses dem Leben gegenüber zu entwickeln. Und schließlich mögen sich für mich noch ganz andere Weisen ergeben, in denen die spirituell-religiöse Haltung sich verwirklicht.

Wir haben in diesem Buch einige klassische Übungsweisen geschildert, auf einige wichtige Lebenshaltungen hingewiesen und gezeigt, wie man sie entwickeln könnte. Wir wünschen uns, dass Sie, liebe Leserin, lieber Leser, schöpferisch damit verfahren und selbst Lebensweisen finden, in denen der eigene Umgang mit dem, der uns das Leben schenkt, Gestalt gewinnt.

Aus der Reihe »100 Worte«

*Prof. hc. Dr. Elisabeth Lukas ist die renommierteste Schülerin von Viktor E. Frankl, dem Begründer der Logotherapie. Die klinische Psychologin und approbierte Psychotherapeutin ist weltweit bekannt durch Vorträge und zahlreiche, bereits in 19 Sprachen übersetzte Werke.*

**Elisabeth Lukas**
**WAS WIRKLICH ZÄHLT**
Wegbegleiter-Worte:
Was zählt? Was bleibt? Was trägt?

120 Seiten, gebunden, klimaneutral gedruckt
ISBN 978-3-7346-1228-2

**Elisabeth Lukas**
**FRANKL UND GOTT**
**Erkenntnisse und Bekenntnisse eines Psychiaters**

Eine »Innenansicht« Viktor E. Frankls, wie sie nur wenige kennen, die aber für viele Halt spendend sein könnte in bewegter Zeit.
»Ein verlässliches Panorama – hervorragend gelungen.« (B. Grom SJ)

192 Seiten, gebunden, klimaneutral gedruckt
ISBN 978-3-7346-1183-4

**Peter Münster**
**ALBERT SCHWEITZER**
**Der Mensch · sein Leben · seine Botschaft**

Leben und Wirken des »Urwalddoktors« und Friedensnobelpreisträgers, dessen »Ethik der Ehrfurcht vor dem Leben« ungebrochen aktuell ist.

256 Seiten, gebunden, klimaneutral gedruckt
ISBN 978-3-7346-1270-1

Mehr unter www.neuestadt.com